Attitudinal Corpus of Learner English
and Its Application

# "学习者英语情态语音数据库"及其应用

何家勇 主编

编 委：周 阳 刘伊梅 许世方
　　　　杨 波 苗 淼 任怡霖

项目策划：张　晶　韩仙玉
责任编辑：张　晶
责任校对：韩仙玉
封面设计：墨创文化
责任印制：王　炜

## 图书在版编目（CIP）数据

"学习者英语情态语音数据库"及其应用 / 何家勇
主编． — 成都：四川大学出版社，2022.5
ISBN 978-7-5690-4409-6

Ⅰ．①学… Ⅱ．①何… Ⅲ．①英语－语料库－研究
Ⅳ．① H315.9

中国版本图书馆 CIP 数据核字（2021）第 016643 号

| 书　名 | "学习者英语情态语音数据库"及其应用 |
|---|---|
| | "Xuexizhe Yingyu Qingtai Yuyin Shujuku" Jiqi Yingyong |
| 主　编 | 何家勇 |
| 出　版 | 四川大学出版社 |
| 地　址 | 成都市一环路南一段 24 号（610065） |
| 发　行 | 四川大学出版社 |
| 书　号 | ISBN 978-7-5690-4409-6 |
| 印前制作 | 四川胜翔数码印务设计有限公司 |
| 印　刷 | 四川盛图彩色印刷有限公司 |
| 成品尺寸 | 148 mm×210 mm |
| 印　张 | 7.25 |
| 字　数 | 188 千字 |
| 版　次 | 2022 年 5 月第 1 版 |
| 印　次 | 2022 年 5 月第 1 次印刷 |
| 定　价 | 188.00 元（含光盘一张） |

版权所有 ◆ 侵权必究

◆ 读者邮购本书，请与本社发行科联系。
　电话：(028)85408408/(028)85401670/
　(028)86408023　邮政编码：610065
◆ 本社图书如有印装质量问题，请寄回出版社调换。
◆ 网址：http://press.scu.edu.cn

四川大学出版社
微信公众号

# 致　谢

　　"学习者英语情态语音数据库"的主要建设人员有何家勇、周阳、刘伊梅、许世方、杨波、苗淼、任怡霖。苗淼、任怡霖负责语料库的录音。周阳、刘伊梅、许世方、杨波负责语料库的标注。何家勇负责本书的编写及语料库建设的全过程，包括语料库的设计、录音、音段切分、基频修补、标注等。中国社会科学院熊子瑜研究员为本语料库建设的指导专家，语料库的录音工具Xrecorder、自动音段切分工具Xsegmenter、用于提取ToBI标注数据的Praat脚本程序、韵律移植的Praat脚本程序均由熊子瑜研究员为本数据库专门编写。

　　本库的建设离不开成都理工大学外国语学院本科生和电子科技大学外国语学院研究生的大力支持。其中，刘柏诚、唐思洋、包依冉、王越、谭斯婕、刘国佳、姚颖、方瑞、陈晨、郑曦、祝悦负责录音；杨兰、吴盛兰、代萍、解有为、赵玉婷、王晓色、郭华、杨丽娜、黄燕琴、田晓欢、陈小玲、吴敏、陈倩、王晓色、郭华、杨丽娜、兰结霞、易琦、陈玥含对语料库中的音段切分进行校对；赵艺洁、代淑萍、唐诗杰、石梦贤、何珊、周君、柏娟、曹宇、刘鑫、吉联央宗、何佳丽、曹川、汤佩颖、何静、李文瑾、刘妍君、张诗珧、张颖、陈香宇、伍亚茜、李玉、李佳民、范诗雪、廖凡、韩佩玲、何自豪、刘思洋、胡希雅、杨佳对基频进行修补；徐阳、张晗、张玉川、房晓雪、雷蕾、杜文丽、卢晓慧、宋心雨、陈小洁协助对语料库进行标注。研究生李玉对本书做了校对。

本语料库在建设期间，中国社会科学院高军博士、南京大学陈桦教授提出了宝贵意见，在此表示感谢。同时，特别感谢四川大学出版社张晶老师对本书提出的宝贵修改意见。

何家勇

2022 年 3 月

# 目 录

1 "学习者英语情态语音数据库"基本信息介绍 ……… ( 1 )
　1.1 数据库文本设计 …………………………………… ( 2 )
　1.2 情态语音的采集 …………………………………… ( 3 )
　1.3 数据库文件命名方式和检索方法 ………………… ( 3 )
　　1.3.1 文件命名格式：发音人层次－性别－编号_情态
　　　　 …………………………………………………… ( 3 )
　　1.3.2 声音和标注文件数量说明 ………………… ( 4 )
　　1.3.3 数据库检索方法 …………………………… ( 4 )
　1.4 数据库中的声学参数和韵律标注信息 …………… ( 5 )
2 "学习者英语情态语音数据库"的 ToBI 标注 ……… ( 13 )
　2.1 ToBI 简介 …………………………………………… ( 13 )
　2.2 语调层的标注 ……………………………………… ( 15 )
　　2.2.1 音高重音 …………………………………… ( 15 )
　　2.2.2 短语调 ……………………………………… ( 21 )
　　2.2.3 音高重音、短语调和边界调的组合 ………… ( 25 )
　　2.2.4 其他符号使用说明 ………………………… ( 26 )
　2.3 音段标注 …………………………………………… ( 27 )
　2.4 间断指数和杂类层的标注 ………………………… ( 29 )
　　2.4.1 语调短语的边界 …………………………… ( 29 )
　　2.4.2 语调次短语的边界 ………………………… ( 30 )

i

2.4.3　有停顿或近似停顿的单词边界 ……………… （31）
　　2.4.4　正常过渡的单词边界和黏着语素边界 ……… （32）
　2.5　杂类层的标注 ……………………………………… （32）
3　语料库数据提取举例 ………………………………… （34）
　3.1　提取 ToBI 标注信息 ……………………………… （34）
　3.2　提取归一化基频数据并作图 ……………………… （38）
　　3.2.1　提取归一化基频数据 …………………………… （38）
　　3.2.2　用 Excel 作归一化语调图 ……………………… （44）
　　3.2.3　用 R 语言作归一化语调图 ……………………… （48）
　3.3　提取时长、音高、音强数据 ……………………… （50）
　3.4　提取节奏数据 ……………………………………… （54）
　　3.4.1　进一步切分音段 ………………………………… （55）
　　3.4.2　增加元音和辅音类型标识 ……………………… （57）
　　3.4.3　提取节奏参数 …………………………………… （60）
　3.5　提取情感语音参数 ………………………………… （65）
4　中国学生表达真诚的韵律特征及其可理解度研究举例
　　…………………………………………………………… （73）
　4.1　研究方法 …………………………………………… （73）
　　4.1.1　材料 ……………………………………………… （73）
　　4.1.2　听话人 …………………………………………… （75）
　　4.1.3　程序 ……………………………………………… （76）
　4.2　中国学生用英语韵律表达真诚的能力 …………… （76）
　4.3　中国学生表达真诚的韵律特征及其可理解度 …… （80）
　　4.3.1　中国学生韵律参数对表达真诚作用的描述性
　　　　　统计分析 …………………………………………… （80）
　　4.3.2　韵律对表达真诚作用的混合效应模型分析 …… （82）
　　4.3.3　中国学生与本族语者表达真诚的主要韵律手段
　　　　　…………………………………………………… （122）

## 5 利用 ToBI 标注数据和韵律移植研究情态韵律 ……（140）
### 5.1 利用 ToBI 标注数据分析句末调型 ……（140）
#### 5.1.1 方法 ……（140）
#### 5.1.2 数据准备 ……（141）
#### 5.1.3 利用 R 语言分析数据的方法 ……（143）
### 5.2 韵律移植的研究举例 ……（150）
#### 5.2.1 方法 ……（150）
#### 5.2.2 韵律移植的方法 ……（151）
#### 5.2.3 数据分析 ……（163）

参考文献 ……（167）

附录 1 数据库录音文本 ……（169）
附录 2 数据库检索表 ……（184）
附录 3 数据库本族语发音人背景信息 ……（188）
附录 4 数据库中国发音人背景信息 ……（190）
附录 5 提取 ToBI 标注数据的脚本程序代码 …… 熊子瑜（206）
附录 6 韵律移植 Praat 脚本程序代码 …… 熊子瑜（212）

# 1 "学习者英语情态语音数据库"基本信息介绍

"学习者英语情态语音数据库"是目前国内外第一个可供使用的学习者态度语音库，对研究中国学习者的英语语调交际能力具有重要的研究意义。该数据库参与建设人员达 77 人，收录了 16 804 个高品质录音文件，标注文件 16 804 个，标注文本字符约 92 万，历时 3 年完成。

该库收录了小学、初中、高中、本科（非英语专业）、研究生（英语专业）5 个层次英语学习者 147 人，以及作为参照的母语学习者 32 人（英国人 23 名，美国人 9 名）在表达礼貌、真诚、热情、感兴趣、辩白、抚慰、怀疑、讥讽、不耐烦、持保留意见等 14 种态度时的高品质录音。

该库收录的态度类型及文本主要选自克拉坦登（Cruttenden, 2002）、威尔斯（Wells, 2006）、奥康纳和阿诺德（O'Cornor and Arnold, 1973）、派克（Pike, 1945: 59）、布朗（Brown, 1977）、尤德尔（Uldall, 1960, 1964）等著作。录音中的态度激发在预先设计好的情境对话中完成。发音人可以反复演练，直到表演出自己满意的态度录音为止。每种态度设 3 组对话，共 51 组。情境设计由 2 位母语外教协助完成，既考虑了英汉文化差异，也考虑了英美英语表达的差异。设计完成后，邀请了 3 位语音学研究专家进行论证，并根据建议做了相应的修改。

语音库采用 ToBI（Beckman，1997）进行标注，共 5 层，即语调层、正则层、音段层、间断指数层和杂类层，语调层增加了对调核的标注。音段切分先借助 Praat 自动切分脚本程序进行初步切分，然后进行人工校对并修改。参与标注的人员经过长达一年的专业培训，共 14 人。标注完成后，再由何家勇、刘伊梅、周阳、徐阳、张晗、许世方进行严格校对和修改，以保证标注的一致性。

## 1.1 数据库文本设计

根据克拉坦登（2002）、威尔斯（2006）、奥康纳和阿诺德（1973）、派克（1945：59）、布朗（1977）、尤德尔（1960，1964）等对语调情态功能的论述，本数据库选取语言交际中较为重要的 14 个情态和上述著作中的例句（见附录 2 中的"数据库检索表"下的"情态类型检索表"），在两位母语外教的协助下，设计了相应的情境和对话。每种情态设 3 组对话，共 42 组对话。下面是三大设计原则。

（1）由于发音人主要是中国学生，因此情境设计力求贴近中国学生的日常生活和学习。在设计对话时，力求语言真实、自然。

（2）由于作为参照的发音人既有美国人，又有英国人，因此设计时考虑了英美英语表达的差异。例如，在表达真诚致歉时，美国人一般说"I'm so sorry"，而英国人一般说"I do beg your pardon"。因此，在同一个致歉情境中，情态句设计了英美两个版本，在文件名中分别以"Am"和"Br"标识，如"29 Am_ sincere, 29 Br_ sincere"。在感兴趣和不感兴趣中，美式英语是"When did you get back from vacation?"。英国英语是"When did you get back from holiday?"。在讽刺中，美式英语为"Oh, really.

How nice for you"，英式英语为"Oh, indeed. How nice for you"。

（3）在韵律分析时方便对比。相反情态中的例句尽量使用同样的句子。例如，真诚致谢用"Oh, thank you"，不真诚致谢也同样使用"Oh, thank you"。

## 1.2 情态语音的采集

录音软件是中国社会科学院数据库采集专用软件 Xrecorder，话筒为心形定向性无声卡话筒 USB2020，录音场所是某高校同声传译室，采样率为 22050 Hz，单声道，噪音水平在 0.003 以内。

录音时，先让发音人充分熟悉录音文本中的情境，将自己置身于这样的情境之中，像演员一样表演出来，反复录音，直到发音人满意为止。

## 1.3 数据库文件命名方式和检索方法

### 1.3.1 文件命名格式：发音人层次－性别－编号_情态

（1）发音人层次由字母和数字构成：E（小学生）、JH（初中生）、SH（高中生）、C（非英语专业本科生）、G（英语专业研究生）、AM（美国发音人）、BR（英国发音人）。字母后的数字表示年级。如 E6 表示小学六年级。

（2）情态由数字和英文情态名称构成，数字对应"学习者英语情态语音数据库"录音文本中的情境编号。每个情态有 3 句话，来自 3 个情境。例如，不感兴趣（disinterested）包括 34、37、42。由于录音时，我们有意将各个情态打乱排列，所以同一个情态的录音文件的情境编号没有按顺序排列。

（3）例如，文件 JH3－M－29_42disinterested.wav 表示发音

人层次为初中三年级,男性,编号为29,情态为不感兴趣,来自"学习者英语情态语音数据库"录音文本中第42个情境。

(4) 标注文件(TextGrid)的命名与声音文件完全一致。

### 1.3.2 声音和标注文件数量说明

本库声音采集自小学生29人,初中生31人,高中生29人,非英语专业本科生30人,英语专业研究生28人,美国人9人,英国人23人。按数据库的最初设计,声音文件和标注文件预计各8421个。但是,因为有19个声音文件在声音处理过程中损坏,实际有效声音文件为8402个,标注文件8402个。

### 1.3.3 数据库检索方法

使用本数据库时,根据研究内容的需要,需要利用Windows系统自动的文件搜索功能搜索相应的文件,并将其复制出来,单独存为文件夹。有下面几种检索类型。

(1) 按发音人类别检索。

例如,搜索美国女性发音人,输入"AM-F";搜索英语专业男性研究生,输入"G-M"。

(2) 按情态类型检索。

这种检索需要参照附录2"情态类型检索表"中的情态标签。例如,搜索所有真诚与不真诚的句子,输入"*sincere"。这里必须加"*"号(*号表示任意字符),否则只能搜索到_sincere的文件。搜索所有热情与冷漠的句子,先输入"*warm",复制出表达热情的文件;再输入"*cold",复制出表达冷漠的文件。

(3) 按情态和发音人类型综合检索。

例如,搜索所有英国女性发音人表达感兴趣的句子,先输入"BR-F-*interested",会获得所有英国女性发音人感兴趣和不感兴趣的句子。复制出来单独保存后,在其基础上再输入"*disinterested",将这些不感兴趣类的句子删除即可。

(4)按情态句检索。

例如,搜索所有"oh, thank you"的句子。根据附录2"数据库检索表"中的"情态类型检索表",该句包括"1sincere"和"31insincere"两个文件,因此先输入"1sincere",复制出来,再输入"31insincere",复制出来。

## 1.4 数据库中的声学参数和韵律标注信息

(1)双击 Praat 程序运行。在 Praat Objects 窗口点击"Open",在下拉菜单中点击"Read from file..."(见图1-1)。

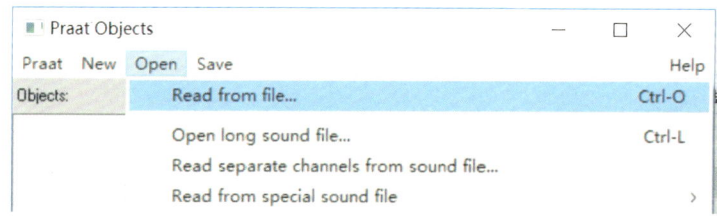

图1-1 用 Praat 读取文件

(2)在数据库中查找某一情态相关的所有文件用"*"加确定的条件来实现。找到"数据库总文件"。如果想查看美国人如何表达真诚,可在搜索栏输入"AM*sincere",即可筛选出所有美国人表达真诚与不真诚的声音和标注文件。注意"AM"与"sincere"中间必须加"*"(*表示任意字符),否则只能搜索到部分文件。

(3)如果你只看到 TextGrid 文件,没有 wav 文件,需要在窗口点击右键后在菜单中点击"排序方式"选择"名称",这样每句话的 wav 和 TextGrid 文件会自动聚合(见图1-2)。

5

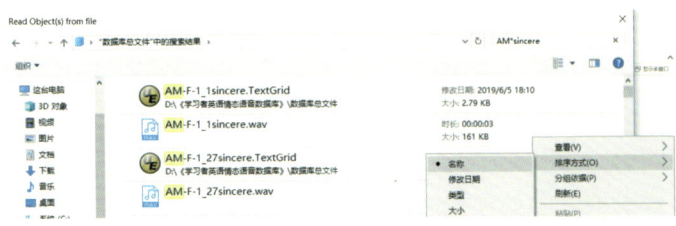

图1-2 设置文件排序方式

(4) 按住 Ctrl 键不放,可以连续选中多个 wav 和 TextGrid 文件,点击打开。注意,所选文件不要超过 20 个,Praat 程序的缓存支持不了太多文件。

(5) 同时选中"Objects"列表中的某个 Sound 和 TextGrid 文件(2 个文件名需要相同),点击右边"View & Edit"进行查看(见图 1-3)。

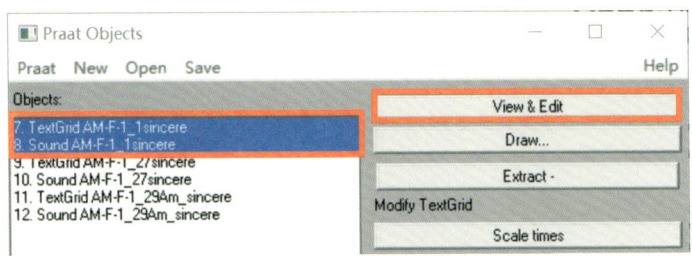

图1-3 同时选中 Sound 和 TextGrid-View & Edit

(6) 图 1-4 是打开选中文件后的界面。鼠标在窗口上半部分拉动,选中全句,点击左下角第四个标签"sel"(selection),可以放大选中部分。点击左下角第一个标签"all",可还原。这里,建议学会用"Ctrl + N"放大,"Ctrl + A"还原,这种操作后面还会用到。

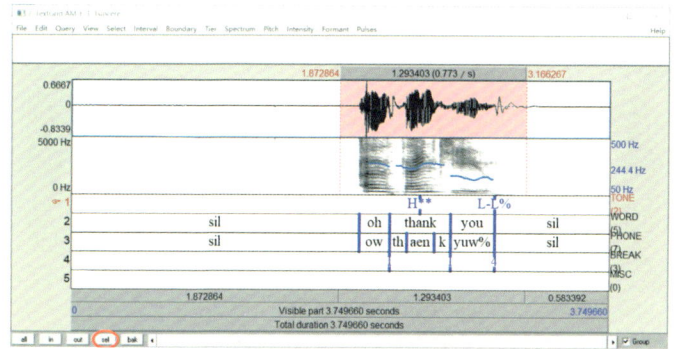

图1-4 放大选中的声波

（7）点击图1-5蓝色箭头所指位置的工具条，可以播放声音。图中由点构成的蓝色曲线是基频曲线，即说话时声带振动的频率。基频的高低对应听感上音高的高低，因此，基频曲线相当于语调走势。图中这个句子，语调较为平缓。

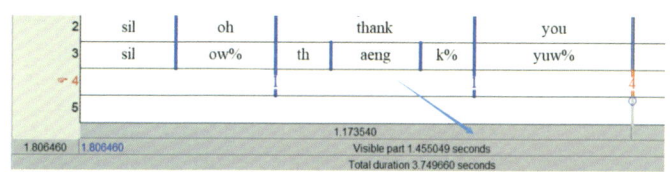

图1-5 点击工具条播放声音

（8）用鼠标点击基频曲线的某个点，可以看到这个点的基频频率。如下图箭头处的基频值，在右边显示的是189.3Hz（见图1-6）。

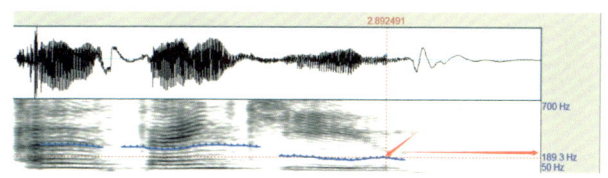

图1-6 查看基频值

7

(9)也可以通过点击窗口上方的"Pitch"—"Get pitch"查看选中部分的基频均值(这里是"you",黄色显示被选中)。点击"Get minimum pitch"和"Get maximum pitch"可分别查看该段基频的最小值和最大值。点击"Pitch listing"可查看连续的基频数据(见图1-7)。

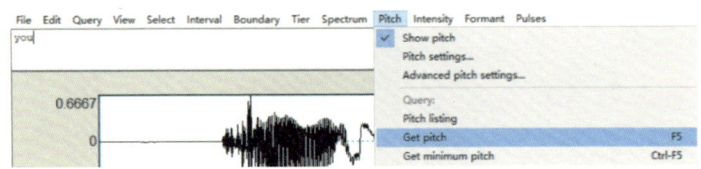

图1-7 获取选中部分的基频均值

(10)图1-8是点击"Get pitch"后跳出的基频均值,即"you"一词的基频均值约为183.46 Hz。

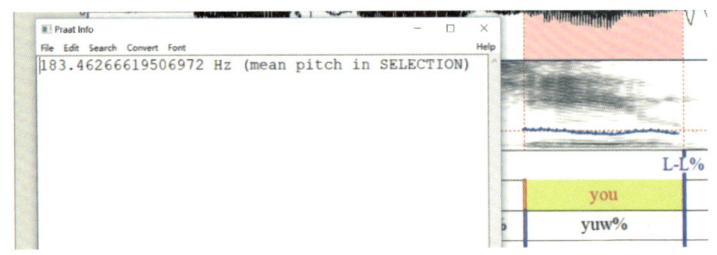

图1-8 选中部分的基频均值

(11)图1-9中最上面的黑色部分为声波。声波下面灰色部分为频谱,颜色越深,表示能量越大。一般来说,元音的能量较大,颜色较深;辅音的能量较小,颜色较浅。元音的某些频段,即发生共振的频段,能量集中,颜色较深,称为共振峰。点击窗口上方中间位置的"Show formants",可以显示共振峰的标线。

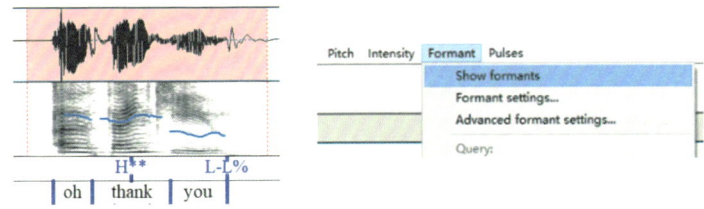

图1-9 设置显示共振峰

(12)图1-10蓝色箭头所示的点线,就是"you"中元音"uw"的第一共振峰和第二共振峰。

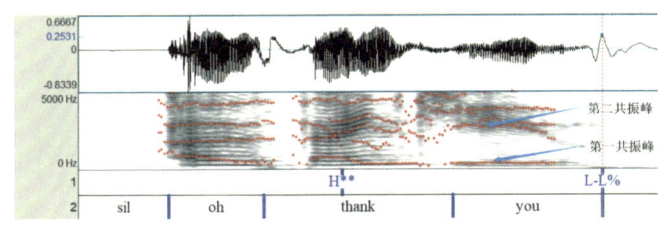

图1-10 显示的共振峰

(13)点击"Formant—Get first formant/Get second formant"可以获得选中段(这里是"you")第一和第二共振峰的均值。点击"Formant listing"可获得连续的共振峰数据(见图1-11)。

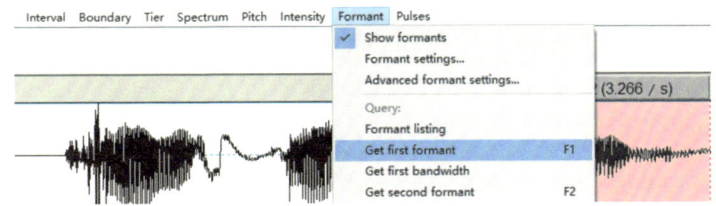

图1-11 获得第一共振峰数据

(14)点击窗口上方的"Show intensity",可以显示音强曲线(下图箭头所指的黄色曲线)(见图1-12)。

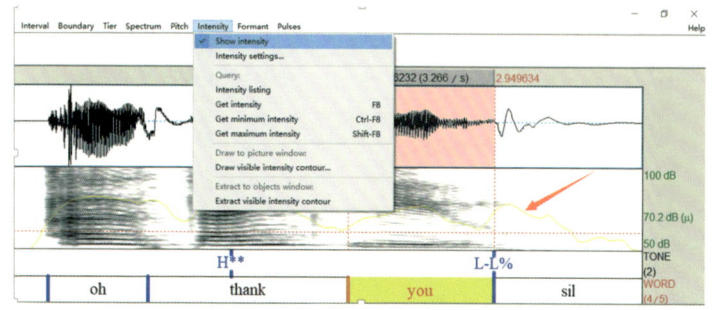

图 1-12 显示音强曲线

(15) 同样,点击黄色线上的某点,可以显示音强的数值。如图 1-13 蓝色箭头所指的点,右边对应的音强值为 74.83 dB。

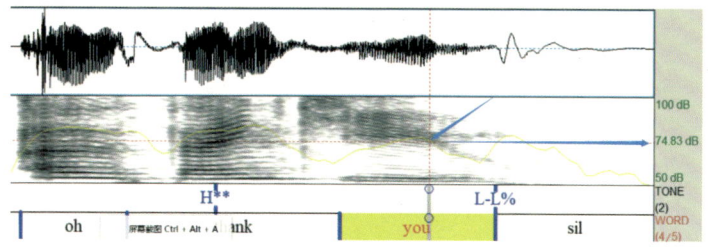

图 1-13 查看音强数值

(16) 点击"Intensity"中"Get intensity"可获得选中段的音强均值。分别点击"Get minimum intensity"和"Get maximum intensity"可以获得选中段音强最小值和最大值。点击"Intensity listing"可查看连续的音强数据(见图 1-14)。

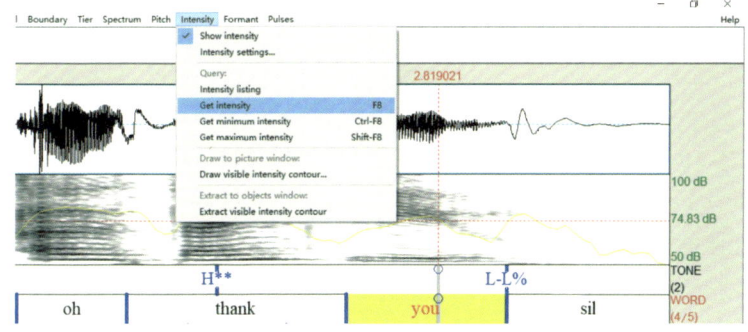

图 1-14　获取音强均值

（17）频谱下面是标注信息。左边 1，2，3，4，5 表示各层（Tier）编号。右边对应各层的名字，从上至下分别是 TONE，WORD，PHONE，BREAK，MISC（见图 1-15）。

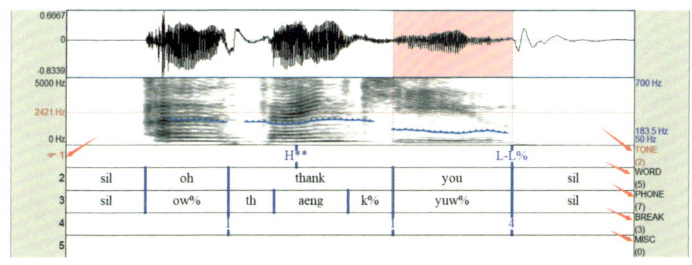

图 1-15　标注的层级名称

（18）第一层 TONE 为音调层，"H＊＊"中的"＊＊"表示语调核心，H 是 High 的缩写，表示调值，H＊＊的位置在"thank"，表示该句的语调核心是"thank"，重音类型是高重。L-L% 中的 L 是 Low 的缩写。其中，L-表示短语重音为低调，L% 表示边界语调为低。

（19）第二层 WORD 为正则层，显示单词的切分。sil 表示 silence。

（20）第三层 PHONE 为以音节为单位的标音,% 表示音节边界。清辅音和元音分开，但浊辅音和元音，或半元音与元音没有分开。音标体系为 ARPAbet。

（21）第四层 BREAK 标注间断指数，用 0，1，2，2-，3，3-，4 表示听者感知的任意两个单词之间的间隔程度（disjuncture）。这里，"Oh"与"thank"，"thank"和"you"之间的间断级别为 1，说明这里的几个单词都是开音渡，即单词之间是正常过渡。4 表示短语边界，与音调层中的短语边界调符号%对应。

# 2 "学习者英语情态语音数据库"的 ToBI 标注

## 2.1 ToBI 简介

本数据库采用 ToBI 标注体系进行标注。ToBI 是"Tones and Break Indices"的缩写,由金·斯沃曼(Kim Silverman)、玛丽·贝克曼(Mary Beckman)、珍妮特(Janet Pierrehumbert)、米莉娅·赫希伯格(Julia Hirschberg)等人于 1992 年创立,是在大型语音数据库的韵律标注和韵律分析中广泛使用的标注体系。ToBI 的标注体系源于自主音段音系学(Goldsmith,1976)。它采用层级体系来标注韵律,主要包括正则层、语调层、间隔指数层和杂类层。各层级既独立,又相互联系。例如,间隔指数层与语调层紧密关联,因为不同的韵律边界特征会影响听话人对间隔强度的感知(Pierrehumbert,1980)。一般来讲,边界前的音节延长、音高重设、起首轻音节等韵律特征让人感觉间隔强度较大;平调或升调给人声音延续的感觉,间隔强度较小。

语调层(TONE)的标注对象是音高重音(pitch accent)、短语重音(phrase accent)和边界调。音高重音表征被用来突显词语的音高(Pierrehumbert & Hirschberg,1990),用"高"(H)和"低"(L)表示音高,星号"*"表示重音。本族语者英语的重音模式共有5种：H*、L*、H+!H*、L+H*、L*+H。这些音高重音标注在相关的重读音节上。短语重音指语调次短语或语调短语中核心重音后、调尾前面部分的语调。短语重音也可以称为短语调（Ladd，1996），因为它是从核心重音一直延展到短语边界的语调曲拱。短语重音只有H-和L-两种。边界调（edge tone）指语调短语边界的语调，用符号"%"表示。绝大多数情况下，只标注语调短语末尾的边界语调，即H%或L%。少数情况下，也需要标注语调短语起首边界的语调，如%H。起首和末尾的边界调都标注在相关短语边界的音段上。

ToBI把语调分为高（H）、低（L）两级的理论依据是珍妮特（Pierrehumbert，1980）的语调音系学。音亮的大小是相对的。高低是在语调短语内部比较，而不是与最近的音高峰或音高平顶（pitch plateau）比较（Beckman et al.，2006：4）。ToBI通过两个方式解决调值介于高调与低调之间的其他调类的表征。一是对同一调类在位置条件下局部变化的表征。例如，位于语调短语边界的低边界调（L%）的调值一般比升调（L+H*）重音更低。二是对调域的全局性变化的表征。例如，用降阶表征调域压缩后的高调。

间隔指数层（BREAK）标注话语任意两词间的间隔程度，分为0，1，2，3，4五个等级。0表示无单词边界。1表示两个单词间的正常过渡。2表示有明显的停顿和边界前延长，但是没有形成明显的语调短语或次短语。例如，一字一顿似的口语表达。3表示语调次短语边界。4表示语调短语边界。

杂类层（MISC）标注其他语言现象，如不流利（disfl＜disfl＞）、嘎裂声（creaky＜creaky＞）、呼吸声（breath＜breath＞）等。下面对本数据库所用的ToBI标注体系进行详细介绍。

## 2.2 语调层的标注

### 2.2.1 音高重音

#### 2.2.1.1 H*（高/中高重音）

H*表示重读音节的语调处于发音人调域的中间或中间以上（Beckman & Hirschberg，1994）。其调型既可以是平调、缓升调（Beckman & Elam，1997：15），也可以是降调［相当于Pierrehumbert（1980）体系中的H*+L］。图2-1至2-3是这几种调型在本语料库中的例子：

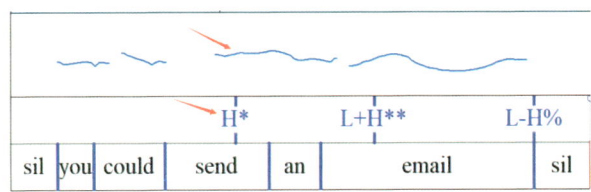

图2-1 平调H*（AM-F-1_2polite）

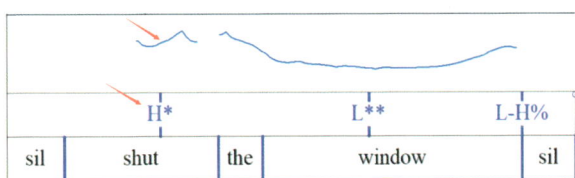

图2-2 缓升调H*（AM-F-1_12polite）

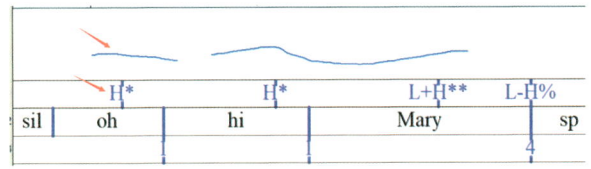

图2-3 缓降调H*（AM-F-1_3warm）

需要说明的是，H*的升或降的趋势一般都比较缓，多数是从发音人调域中间往上升或从调域高处降至调域中间位置。但也有少数情况是从低调陡升至高调。如图2-4所示，"you"的语调从低域的"do"陡升上来，这种陡升与低调重音L*的作用密切相关，并不是H*的特点。

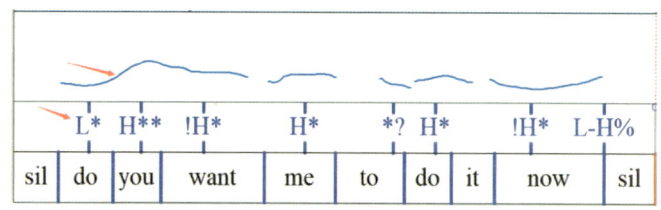

图2-4　陡升L*H*（C2-M-29_28impatient）

## 2.2.1.2　L*（低重音）

L*表示重读音节的语调处于发音人调域的最低域（Beckman & Hirschberg，1994）。图2-2中"shut the window"的"window"一词的重读音节"win"就是典型的L*。需要注意的是，L*表示的是发音人调域的最低域，并不一定是语调的最低点。例如，图2-5中的重读词"thank"的音高在全句中并不是最低，实际上是低降调。但是因为听感上发音人故意压低了自己的语调，比他正常的、自然语调（调域的中域）更低，判断它处于发音人调域的最低域，故标注为L*。这个句子表达的情态是不真诚，L*正好反映了该发音人表达不真诚的方法，即压缩调域，降低音高。

听感判断非常重要，特别是在无法知道发音人正常调域时，就只能依赖听感进行判断。如果对听感掌握不好，可以搜索本语料库中同一发音人表达相反情态的句子进行对照分析。根据附录2，"31insincere"对应的反向情态是"1sincere"。因此，发音人AM-M-3表达真诚致谢的句子为AM-M-3_1sincere。从图2-5和

图 2-6 的箭头位置显示的基频值可以看出,该发音人展现出的最高基频约 321 Hz,最低基频值约 74 Hz,调域为 247 Hz(321 -74),调域中间值约 198 Hz(247/2 +74)。也就是说,调值在 198 Hz 及以上,应标 H*,因为 H* 表示调值在发音人调域的中间及中间以上的重音。这里,AM-M-3_31insincere 的 "oh" 与 "thank" 的最高调值仅 99 Hz,在该发音人调域的中间(198 Hz)以下很多,故标 L* 是合理的,与听感也十分一致(图 2-5 实际标注为 L**,** 是本语料库自定义的调核符号)。

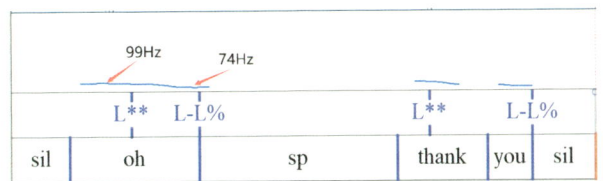

图 2-5　发音人 AM-M-3 不真诚致谢的音高范围:74 Hz ~ 99 Hz

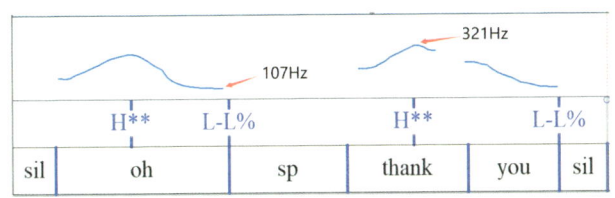

图 2-6　发音人 AM-M-3 真诚致谢的音高范围:107 Hz ~ 321 Hz

H* 与 L* 是相对而言的,并非绝对的音高值。例如,女性的调域一般比男性宽,平均音高比男性高。某男性发音人 H* 的基频值可能相当于某女性发音人 L* 的基频值。

虽然计算调域中值的方法比较准确,但是耗时较长,有局限性,如果找不到能够展现发音人调域的句子作为参照,就无法计算中值。所以标注者应训练自己听音辨音的能力,尽量用听感进行判断。虽然各发音人的调域宽窄有差异,但一般情况下,我们人耳能够听出发音人是否在用自己正常的、自然的语调说话。正常的、自然的重音音高即是发音人调域中域。如果听辨感觉发音人在故意压低音高说话，则重读音节为 L*。

由例句 AM-F-1_12polite 和 AM-M-3_31insincere 可以看出，L* 的调型既可以是峰谷，也可以是缓慢的降调。两种调型的 L* 都标注在相关重读音节内的音高较低处。

2.2.1.3　H+!H*（高降重音）

H+!H* 表示重读音节的基频处于低位或降至低位（Beckman et al., 2006：9）。前面讲到 L* 可以表示发音人调域低区缓慢下降的重音。但是，如果是高降调，则需用 "H+!H*" 符号。符号 "!" 相当于 "↓"，表示音高下倾。该符号的使用有严格限制，它要求重读音节之前音节的高调没有重读。如果前面音节的高调重读，则用 "!H*" 即可，不用 "H+!H*"（Beckman & Hirschberg, 1994：6）。贝克曼和埃兰（Beckman & Elam, 1997）在《ToBI 标注指南》（以下简称"指南"）的练习中的例子 <argument> 展现了这种 H+!H* 高降重音（如图 2-7）。图 2-4 中，"no" 的语调比 "argument" 中的重读音节更高，而且没有重读，因此在 "argument" 所在语调短语中找不到引发 "argument" 前高调的原因，所以需要在 !H* 前补充 H。本语料库中，H+!H* 高降重音比较罕见。

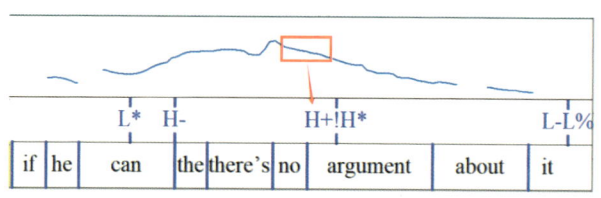

图 2-7　高降重音 H+!H*（指南例句 <argument>）

"指南" 中 "argument" 例句里面，还将 H* 与 H+!H* 进行比较。图 2-8 中，"argument" 重读音节的语调是高平调，因此标为 H* 即可。而图 2-7 中"argument"的重读音节为明显的降调，故加！表示下降趋势。

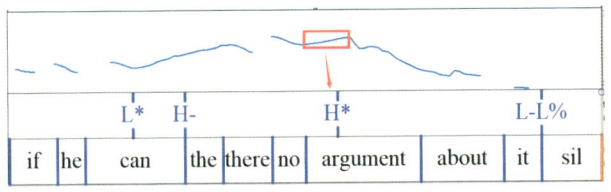

图 2-8　高平重音 H*（指南例句 ＜argument＞）

### 2.2.1.4　L+H*（高升重音）

L+H* 表示从发音人重读音节的语调从调域的低区迅速升至调峰，即高升重音。L+H* 中，H* 前面的 L 一般处于调谷（Pierrehumbert and Hirschberg, 1990: 275-276），而且这个峰谷不是前面的 L*、L- 或 L% 所引起的（Beckman & Elam, 1997: 15）。如图 2-9，这是本语料库中的美国发音人 AM-M-3 表达非常感兴趣的句子。第二个调峰前面有个明显的调谷。调谷前面是高调。这里没有 L*、L- 或 L% 等诱发低调的因素，因此，按常理"you"和"really"的语调会类似于箭头那样缓慢下降。但是，这里却突然出现低调，形成调谷。显然，这个低调是发音人为了凸显"really"，故意将语调拉低，再陡然升高所形成的 L+H* 高升重音。

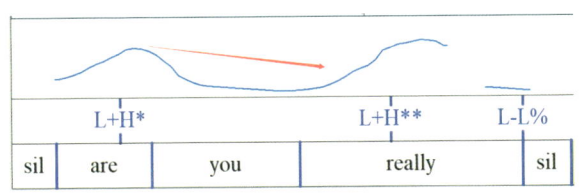

图 2-9　高升重音 L+H*（AM-M-3_14interested）

图 2-10 中"you"的升调则不同。"you"前面的低调是前

面"do"的低重 L* 引起的,"do"与"you"之间的升调只是从 L* 到 H* 自然形成的,因此"you"的重音并非 L+H*。

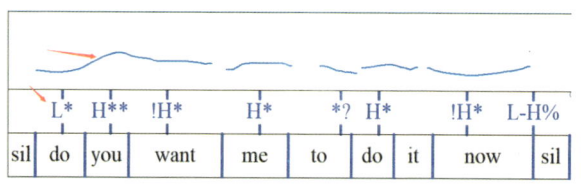

图 2-10　由 L* 引起的高升调 H*（C2-M-29_28impatient）

### 2.2.1.5　L*+H（勺形重音 scooped accent）

勺形重音 L*+H 与高升重音 L+H* 相似。但勺形重音的重读音节基频最低,在"勺子"的底部,其后上升至峰值。而高升重音 L+H* 是典型的升调,重音在语调曲拱的高处。图 2-11 中第一个"millionaire"的重读音节"mil"为"L*",其后高升调是非重读音节"lion"形成的,因此标为勺形重音 L*+H。第二个"millionaire"的重读音节"mil"的元音部分为 H*,H* 前面的 L 是该音节的辅音"m"引起的,因此标为高升重音 L+H*。通过听辨,可以明显地发现这两个词重读方式不同。

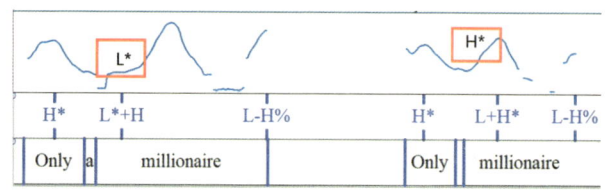

图 2-11　L*+H 与 L+H*（指南例句 <millionaire>）

### 2.2.1.6　音高重音标注的位置

L*,H+!H*,L*+H 一般标注在重读音节内的基频曲线的最低点,H* 和 L+H* 标注在重读音节内的基频曲线的最高点(Beckman et al.,2006:9)。

## 2.2.2 短语调

短语调指语调次短语或语调短语从音高重音之后到短语边界的语调。语调次短语的短语调用 H- 或 L- 表示，标注在语调次短语的边界。语调短语的结束边界调用 H% 或 L% 表示。如果起首边界为高调冠，用 %H 表示。一个完整的语调短语包含至少一个或多个语调次短语。由于一个语调短语的末尾同时也是其所包含的语调次短语的末尾，因此在标注语调短语末尾的语调时，既要标语调次短语的短语调 H- 或 L-，又要标语调短语的边界调 H% 或 L%（Beckman & Elam, 1997: 12），即语调组合 L-H%、L-L%、H-H%、H-L%。! H-H% 和! H-L% 分别是 H-H% 和 H-L% 降阶。图 2-12 是"指南"中的例子 <made1>。这个句子包含两个语调短语，以第一个出现 4 的地方为界。第一个语调短语"Marianna"的边界处 4 的语调标注为 L-H%。L- 为语调次短语的短语调，H% 为语调短语的边界调。

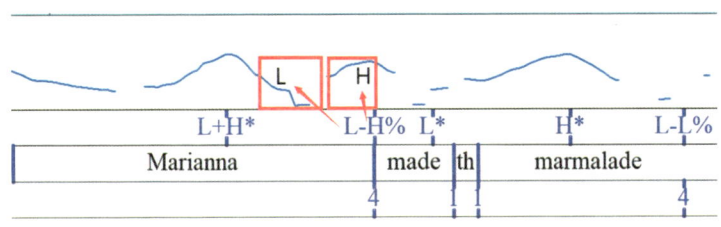

图 2-12　短语调分解（指南例句 <made1>）

下面详细介绍 6 种短语调核边界调组合。其中，1-4 是语调短语的短语调+边界调的组合，对应的间断指数是 4。5 和 6 是语调次短语的边界调，对应的间断指数是 3。

### 2.2.2.1　H-H%（高升调）

高升调 H-H% 的典型代表是英语的一般疑问句（Beckman

& Hirschberg, 2013), 如"Are you a professor from China?"。要判断是否是高升调 H-H%，关键是看末尾边界的调子是否处于高位。H-H% 前面可以是 H*，从中域或高域继续往上升，即起点较高的高升调（图 2-13①）。H-H% 前面也可以是 L*，从低域往上升至高域，即起点较低的高升调（图 2-13②）。图 2-14 是本语料库中起点较高的高升调示例。

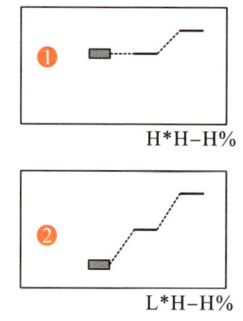

图 2-13　两种起点的高升调

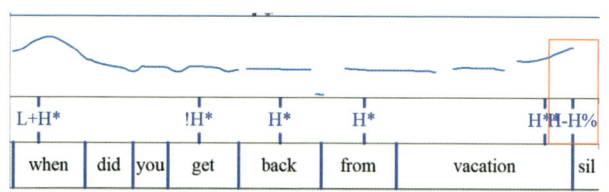

图 2-14　起点较高的高升调（G1-F-1_17Am_interested）

### 2.2.2.2　L-H%（低升调）

低升调 L-H% 是指末尾边界比较低的升调。最常见的低升调是停顿边界的延续性低升调（continuation rise）（Beckman & Hirschberg, 2013）。如"指南"里的例子 <tree1house>（图 2-15）中，"my classmate"处于停顿边界，但因为句子未完，所以用了低升调表示延续。由于"classmate"的音高重音为 H*，H*L-H% 合起来也可以称为降升调。"treehouse"一词也是用降升调 H*L-H% 表停顿处的延续。

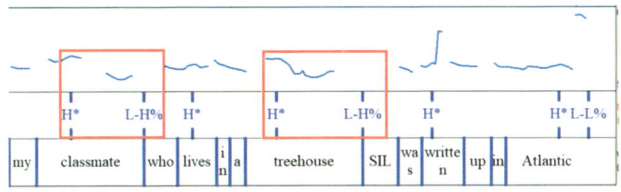

图 2-15　延续性低升调 L-H%（指南例句 <tree1house>）

图 2-16 是本语料库中的低升调示例。这里不是延续性升调，而是在句末表示疑问的低升调。

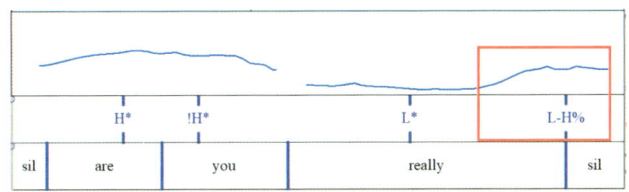

图 2-16　表示疑问的低升调 L-H%（BR-M-29_14interested）

### 2.2.2.3　L-L%（降调/低调）

L-L% 的前面如果是高或中高的重音 H*，H*L-L% 表现为降调（图 2-17①）。L-L% 的前面如果是低重音 L*，L*L-L% 表现为贴着低域的低调（图 2-17②）。图 2-18 是典型的 H*L-L% 的例子。

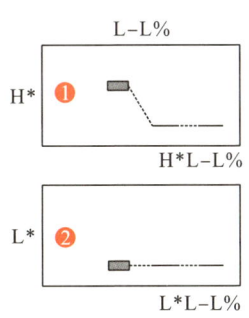

图 2-17　两种起点的 L-L%

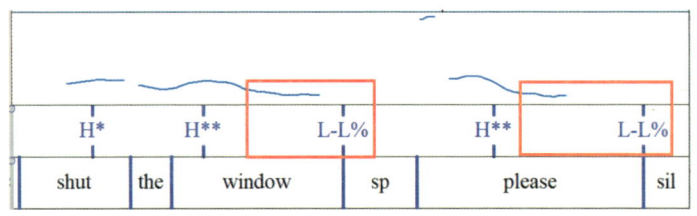

图 2-18  低调 L-L%（AM-M-7_35impolite）

#### 2.2.2.4　H-L%（中平调）

H-L% 这个符号不是降调，而是中平调。贝克曼和赫希伯格（Beckman & Hirschberg, 2013）的解释是，L% 由于受到前面 H-升阶的作用，变得与 H-持平。最典型的中平调 H-L% 是呼喊某人名字时表现出来的语调，即呼喊调（calling tone）。图 2-19 是"指南"里的例子呼叫"Anna"的例子 <calling2>。此例中，平调在 H* 的后面有降阶，因此标注为 ! H-L%。图 2-20 是本语料库中的例子，虽然没有呼喊某人的名字，但听起来也是呼喊别人关窗户的感觉。

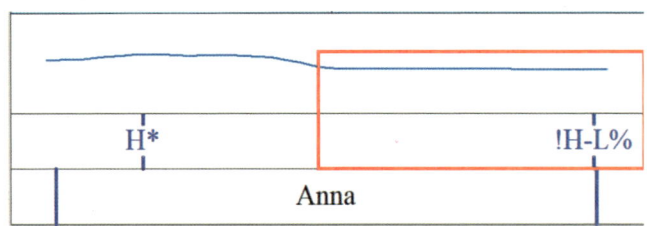

图 2-19  呼喊调 H-L%（指南例句 <calling2>）

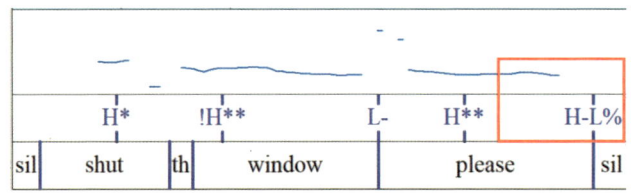

图 2-20  中平调 H-L%（AM-F-1_35impolite）

### 2.2.2.5 H-(高调)

H-表示语调次短语边界为高调,间断指数为3。如图2-21中"Mary"一词的边界调H-。

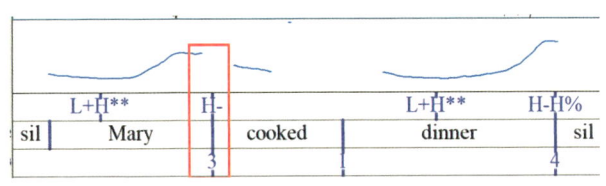

图2-21 高调H-(E5-F-9_16doubtful)

### 2.2.2.6 L-(低调)

L-表示语调次短语边界为低调,如图2-22"oh"的边界调L-。

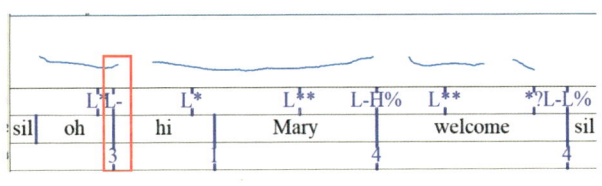

图2-22 低调L-(E5-F-9_36cold)

### 2.2.3 音高重音、短语调和边界调的组合

音高重音、短语调和边界调可以组合成各种形状的语调曲拱。图2-23很好地展现了各种语调组合。每幅小图有3~4根水平短线,其中的粗体黑线代表左列音高重音中带星号的语调,右边的两根水平细线分别代表短语调(H-或L-)和边界调(H%或L%)。

需要指出的是,这些是理想状态的语调曲线。实际的语调要复杂得多。标注时要根据各种语调核心意义,结合听感、声学线索进行综合判断,不能简单地按图索骥。

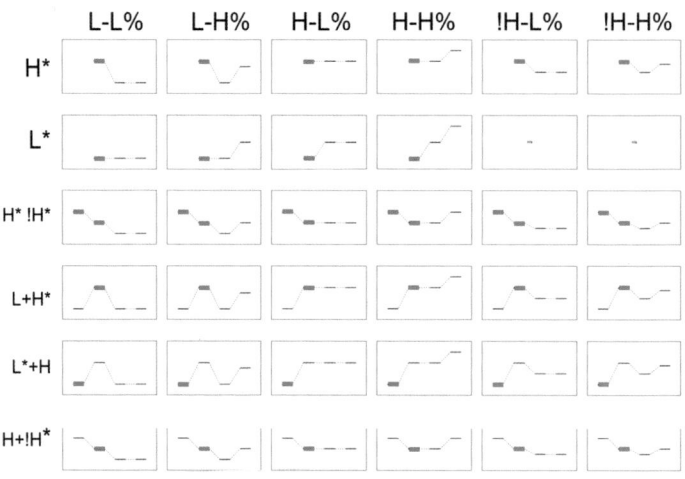

Compiled by Alejna Brugos, Stefanie Shattuck-Hufnagel and Nanette Veilleux (2006)

图 2-23 音高重音、短语调、边界调组合示意图

## 2.2.4 其他符号使用说明

(1) "-"是在间断指数难以确定时所用的附加符号。例如,不确定是完整语调边界 "4" 还是语调次短语边界 "3" 时,可用 "4-" 表示。

(2) "?"表示音调类型或重音的不确定。例如,"*?"表示不确定该音节是否重读。"X*?"表示确定该音节有重音,但不确定是什么重音类型。很多情况下,标注不确定并非标注者的标注能力不足,而是反映了标注对象本身的非典型性。例如,某个音节标注为 "*?",其实是因为该音节的本身就是非典型的重音。例如,许多中国学习者说话时虚词的元音没有约简,像是重读了,但是又不像实词重音那么典型。这种情况一般标为 "*?"。

(3) 本语料库中的话语全是基于文本产出的,没有犹豫性停顿、误起(false start)、修正(repair)等不流利现象。

(4) "HiF0" 表征语调次短语中重音的最高基频,主要是方便提取调域数据。本语料库没有标注。

（5）自定义"＊＊＊"表示调核，但有些学习者调核的突显程度不及本族语者，却又近似于调核，因此自定义"＊＊?"表示准调核。

（6）由于中国英语学习者常常重读虚词，但重读程度又不及正常实词重音，因此自定义"＊?"表示虚词元音无约简、重读程度却不及普通实词重音。

（7）有些学习者通过降低音高表达不真诚、不热情等负面情态。但是，降低的程度不及本族语者的低调"L＊"，因此自定义"X＊?"表示"mid-H＊"，即处于"H＊"与"L＊"之间的调值。

（8）如果学习者准调核的调值处于"H＊"与"L＊"之间，则用自定义"X＊＊??"表示。

（9）自定义"%H?"表示近似于高调冠，却又完全具备本族语高调冠的特征的"准高调冠"。自定义"%H＊＊?"表示既像高调冠又像准调核。

## 2.3 音段标注

音段标注分为以下4种。

（1）第二层"WORD"为单词标注，"sil"代表"silence"，"sp"代表"short pause"。

（2）第三层"PHONE"为音段切分和标注。

（3）切分单位：本数据库主要以音节为单位进行切分，用"%"表示音节边界。这样适合进行韵律移植。但为了适用于其他用途，本数据库也对音节内的音段进行了切分。但仅限于清辅音与元音之间的切分。浊辅音和元音之间，或半元音和元音之间，并未作切分。

(4) 音位标音：本数据库对元音和辅音进行标注的根据是《卡耐基梅隆大学发音词典》(CMU Pronouncing Dictionary)。该词典采用 ARPAbet 音标符号，按美国英语的发音进行标音，专门为语音识别和语音合成而构建。ARPAbet 音标符号由美国国防高级研究计划局（Advanced Research Projects Agency）于 1971—1976 年创建。因为采用 ASCII 编码，便于机器识别，是语料库中使用最广泛的音标符号之一。麻省理工学院的 TIMIT 语料库即采用了该编码。表 2-1 是 ARPAbet 与国际音标（IPA）的对照表。

表 2-1　ARPAbet 与 IPA 对照表

| ARPAbet | IPA | Example | Transcription | ARPAbet | IPA | Example | Transcription |
| --- | --- | --- | --- | --- | --- | --- | --- |
| P | p | put | p uh t | iy | iː | bee | b iy |
| B | b | but | b ah t | ih | ɪ | big | b ih g |
| T | t | time | t ay m | aa | ɑː | bar | b aa r |
| D | d | dog | d ao g | ao | ɔː | horse | h ao r s |
| K | k | key | k iy | uw | uː | food | f uw d |
| M | m | may | m ey | uh | ʊ | cook | k uh k |
| N | n | name | n ey m | er | ɜː | turn | t er n |
| L | l | leg | l eh g | eh | e | bet | b eh t |
| R | r | right | r ay t | ae | æ | bag | b ae g |
| F | f | fear | f ih r | ah | ʌ | love | l ah v |
| V | v | very | v eh r iy | ah | ə | ago | ah g ow |
| S | s | said | s eh d | ey | eɪ | day | d ey |
| Z | z | zoo | z uw | ay | aɪ | eye | ay |
| Hh | h | heart | hh aa r t | oy | ɔɪ | toy | t oy |
| W | w | wide | w ay d | ow | əʊ | oh | ow |
| G | g | good | g uh d | aw | aʊ | how | h aw |
| Ch | tʃ | China | ch ay n ah | | | | |
| Jh | dʒ | jeep | jh iy p | | | | |

续表2-1

| ARPAbet | IPA | Example | Transcription | ARPAbet | IPA | Example | Transcription |
|---|---|---|---|---|---|---|---|
| Ng | ŋ | song | s oa ng | | | | |
| Th | θ | think | th ih ng k | | | | |
| Dh | ð | they | dh ey | | | | |
| Sh | ʃ | shout | sh aw t | | | | |
| Zh | ʒ | treasure | t r eh zh r | | | | |
| Y | j | yet | y eh t | | | | |

注：卡耐基梅隆大学发音词典提供在线发音查询，详见http://www.speech.cs.cmu.edu/cgi-bin/cmudict。

## 2.4 间断指数和杂类层的标注

### 2.4.1 语调短语的边界

语调短语的边界由数字4表示。句末一定是语调短语的边界，因此句末都标4。如果一个句子分为两个语调短语，句子中间也会出现语调短语边界4。如"指南"里的例子＜Stalin＞。这个句子里，"I was wrong"后面有明显的停顿，而且后一个语调短语起首是轻音节"and"，所以很容易判断这是两个完整的语调短语（图2-24）。

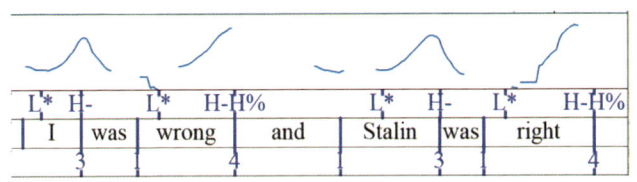

图2-24 语调短语（指南例句＜stalin＞）

"指南"里的例子＜made1＞（图2-25），"Mariana"后面

没有任何停顿,划分成两个语调短语。这是因为这句话听起来像是说:"Marianna 嘛,made the marmalade。"这种感觉来自"Marianna"边界的升调 L-H%。陈述句最常见的语调应该是 H*H*L-L%。语调从调头"Marianna"升起到说话人调域的中域,然后慢慢降到"marmalade"结束(见图2-26)。但如果"Marianna"的边界调故意被提升起来 L-H%,那就是说话人想在这个词末略微停顿一下,把这个词当成一个单独的意群。

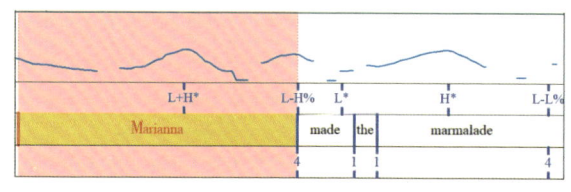

图 2-25　语调短语(指南例句 <made1>)

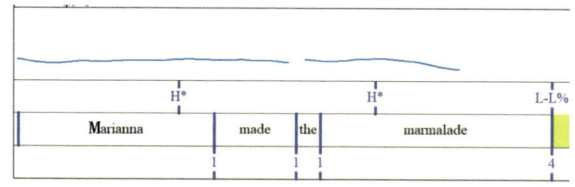

图 2-26　陈述句的常见语调(指南例句 <made1>)

### 2.4.2　语调次短语的边界

语调次短语的边界由 3 表示。图 2-27 中"I"的词末边界和"Stalin"的词末边界都是 3。"I"和"Stalin"两处的升调都是说话人故意拉起来的,目的是为了凸显"I"和"Stalin",让"I"和"Stalin"形成对比重音。这样"I"和"Stalin"成为两个次调核(secondary stress/accent)("wrong"和"right"是主调核),也就形成了两个语调次短语。与图 2-25 中的"Marianna"不同的是,听起来,"I"和"Stalin"都是内嵌在各自语调短语中的一部分,不完全独立,因此它们是语调次短语,而不是语调短语。

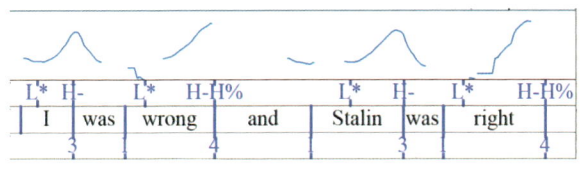

图 2-27　语调次短语（指南例句＜Stalin＞）

指南例句＜made4＞里面，同样是图 2-27 中的句子"Marianna made the marmalade"。但这次是疑问句，"Marianna"的词尾边界为 3，即语调次短语。听起来，这句话有两个调核，"Marianna"是次调核，"marmalade"是主调核。听起来，"Marianna"不是独立的信息单位，而是和"marmalade"联合起来表达信息。这种韵律也叫宽焦点。由图 2-28 和图 2-29 的两个例子可以看出，可以根据语调短语中是否有次调核来反推语调次短语是否存在。

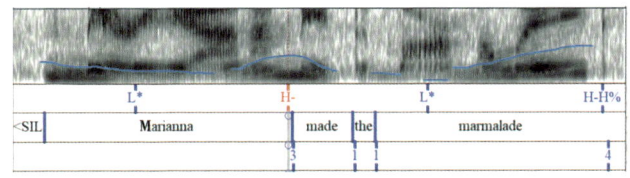

图 2-28　指南例句＜made4＞中的语调次短语

### 2.4.3　有停顿或近似停顿的单词边界

如果某两个单词之间有停顿或近似停顿，但语调又是连续的，那么这明显不是语调短语或语调次短语，间断指数用 2 表示。指南中的例句＜Iraqi＞（见图 2-29）便是此类。这个句子听起来"six"，"southern"，"Iraqi"，"cities"四个单词是一字一顿的感觉，语调却是水平的连续趋势（无故意的升降起伏），那么它们显然不是几个语调短语或语调次短语，所以标 2。在本语料库中，许多英语水平较差的小学生的语流不够流畅，每个单词都重读,该连读而没有连读,词尾辅音无弱化,像读汉字一样每个词都读得很清晰,语法词也重读,单词间又没有明显的停顿或近似停顿,这种情况我们的间断指数都标 2-。如果有停顿或近似停顿,则标 2。

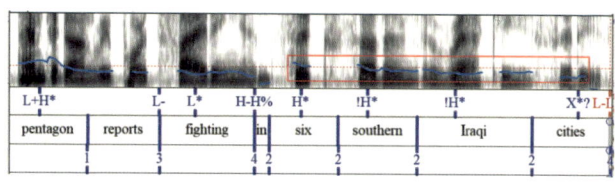

图 2-29　指南例句 <Iraqi> 中的 2

### 2.4.4　正常过渡的单词边界和黏着语素边界

正常过渡的单词边界的间断指数为 1。但如果相邻两个单词因协同发音而发生音变,使两个单词黏着在一起而失去边界,间断指数用 0 表示。例如,"would you"常常会缩读,单词边界的 /d/ 和 /j/ 同化为一个音 /dʒ/。美国英语"Got it"中"got"的"t"会读成闪音,使两个单词失去边界。"Kinds of"中弱读词"of"的元音因弱化会失去,听起来像"kinds-v"。需要注意的是,两个单词间的连读,如果没有发生音变,仍然是正常的音渡,间断指数仍然为 1,如"tell it"的连读。词尾辅音的弱化,如"don't know"中的"t"弱化,二者间还是标 1。

## 2.5　杂类层的标注

本语料库的语料不是自主口语,所以没有自主口语中的犹豫、错误开始、重复等不流利现象。杂类层中标注的主要是与情态表达相关的音质特征,即挤喉音(creaky voice)、轻声(soft voice)、强声(strong voice),以及气嗓音(breathy voice)。

图 2-30 中,说话人为了表达出命令的语气,除了在"please"上用降调,还把"please"说得很重,很用力。因此,在杂类层中,在"please"一词上标注了"strong <"和"strong >"。

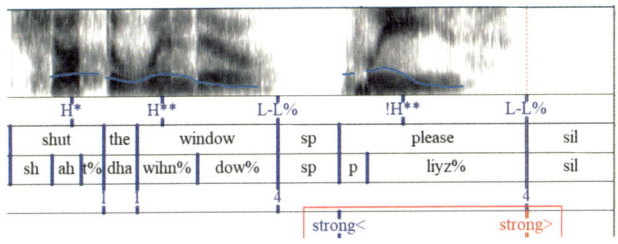

图 2-30 本语料库中 < strong > 例子

# 3 语料库数据提取举例

## 3.1 提取 ToBI 标注信息

提取 ToBI 标注数据需要使用中国社会科学院语言研究所著名声学语音学专家熊子瑜研究员专门为提取本数据库标注数据编写的 Praat 脚本程序 ToBI_reader。下面介绍该程序使用方法。

（1）双击启动 Praat 程序，点击"Praat Objects"窗口左上角的"Praat"—"Open Praat script"，找到"提取数据所需 Praat 脚本程序"中的"ToBI_reader 提取标注信息"，点击打开（见图 3-1）。

图 3-1 打开脚本

（2）点击弹出的 Script 窗口上面的"Run"，运行脚本（见图 3-2）。

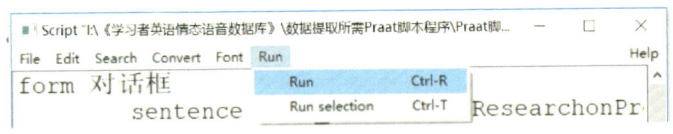

图3-2 运行脚本

(3) 在弹出的窗口的"file path"对话框中,输入需要提取的 wav 和 TextGrid 文件的路径(见图 3-3)。

图3-3 设置文件路径

(4) 这里以"数据提取示例文件"里的"sincerity"为例。点击打开文件夹"数据提取示例文件",点击文件路径后面的任意位置,复制该路径:"D:\《学习者英语情态语音数据库》\数据提取示例文件\sincerity"(见图3-4)。

图3-4 复制路径

(5) 把路径粘贴到之前 run 脚本程序后跳出的"Run script"对话框中的"file path"中。这里特别要注意的是,粘贴好的路径最后一个字母后一定要添加"\",否则程序无法识别路径。如图3-5箭头所示。点击"OK"运行,程序开始提取数据。

图 3-5　路径末尾添加斜杠 \

（6）运行结束后，在"数据提取示例文件"里点击"名称"对文件进行排序，更容易发现生成了一个 allData.txt 文件（见图 3-6）。

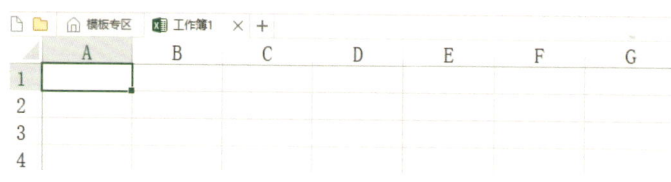

图 3-6　找到提取的数据文件 **allData.txt**

（7）打开 allData 文件，全选里面的数据，复制。新建一个 Excel 表格，点击左上方第一个单元格，把数据粘贴进去即可（见图 3-7）。

图 3-7　新建 Excel 表

（8）下面是粘贴进来的数据。该数据也就是"数据提取示例文件"里的"sincerity-ToBI 标注数据.xlsx"（见图 3-8）。

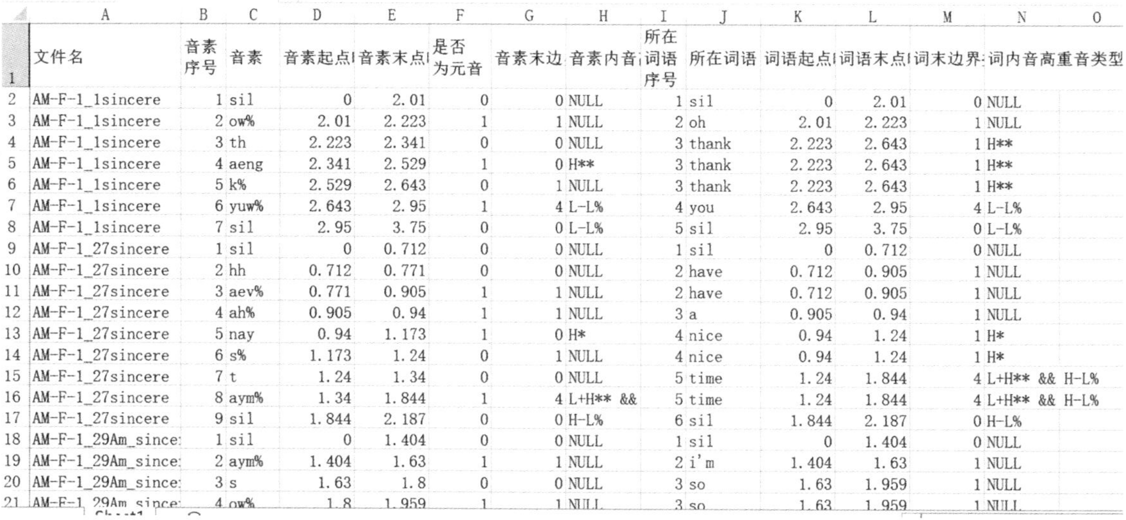

| | A | B | C | D | E | F | G | H | I | J | K | L | M | N | O |
|---|---|---|---|---|---|---|---|---|---|---|---|---|---|---|---|
| 1 | 文件名 | 音素序号 | 音素 | 音素起点 | 音素末点 | 是否为元音 | 音素末边点 | 音素内音重音类型 | 所在词语序号 | 所在词语 | 词语起点 | 词语末点 | 词末边点 | 词内音商重音类型 | 词末边界:词商重音类型 |
| 2 | AM-F-1_1sincere | 1 sil | sil | 0 | 2.01 | 0 | 0 NULL | 0 NULL | 1 sil | sil | 0 | 2.01 | 0 NULL | | |
| 3 | AM-F-1_1sincere | 2 ow% | ow% | 2.01 | 2.223 | 1 | 1 NULL | 1 NULL | 2 oh | oh | 2.01 | 2.223 | 1 NULL | 1 H** | |
| 4 | AM-F-1_1sincere | 3 th | th | 2.223 | 2.341 | 0 | 1 NULL | 0 H** | 3 thank | thank | 2.223 | 2.643 | 1 H** | | |
| 5 | AM-F-1_1sincere | 4 aeng | aeng | 2.341 | 2.529 | 1 | 0 H** | 1 NULL | 3 thank | thank | 2.223 | 2.643 | 1 H** | | |
| 6 | AM-F-1_1sincere | 5 k% | k% | 2.529 | 2.643 | 0 | 1 NULL | 1 NULL | 3 thank | thank | 2.223 | 2.643 | 1 H** | | |
| 7 | AM-F-1_1sincere | 6 yuw% | yuw% | 2.643 | 2.95 | 1 | 4 L-L% | 0 L-L% | 4 you | you | 2.643 | 2.95 | 4 L-L% | | |
| 8 | AM-F-1_1sincere | 7 sil | sil | 2.95 | 3.75 | 0 | 0 L-L% | 1 NULL | 5 sil | sil | 2.95 | 3.75 | 0 L-L% | | |
| 9 | AM-F-1_27sincere | 1 sil | sil | 0 | 0.712 | 0 | 0 NULL | 0 NULL | 1 sil | sil | 0 | 0.712 | 0 NULL | | |
| 10 | AM-F-1_27sincere | 2 hh | hh | 0.712 | 0.771 | 0 | 1 NULL | 1 NULL | 2 have | have | 0.712 | 0.905 | 1 NULL | | |
| 11 | AM-F-1_27sincere | 3 aev% | aev% | 0.771 | 0.905 | 1 | 1 NULL | 1 NULL | 2 have | have | 0.712 | 0.905 | 1 NULL | | |
| 12 | AM-F-1_27sincere | 4 ah% | ah% | 0.905 | 0.94 | 1 | 0 H** | 1 NULL | 3 a | a | 0.905 | 0.94 | 1 H* | | |
| 13 | AM-F-1_27sincere | 5 nay | nay | 0.94 | 1.173 | 1 | 1 NULL | 0 NULL | 4 nice | nice | 0.94 | 1.24 | 1 H* | | |
| 14 | AM-F-1_27sincere | 6 s% | s% | 1.173 | 1.24 | 0 | 1 NULL | 1 NULL | 4 nice | nice | 0.94 | 1.24 | 1 H* | | |
| 15 | AM-F-1_27sincere | 7 t | t | 1.24 | 1.34 | 0 | 1 NULL | 0 NULL | 5 time | time | 1.24 | 1.844 | 4 L+H** && H-L% | | |
| 16 | AM-F-1_27sincere | 8 aym% | aym% | 1.34 | 1.844 | 1 | 4 L+H** && H-L% | 1 NULL | 5 time | time | 1.24 | 1.844 | 4 L+H** && H-L% | | |
| 17 | AM-F-1_27sincere | 9 sil | sil | 1.844 | 2.187 | 0 | 0 H-L% | 1 NULL | 6 sil | sil | 1.844 | 2.187 | 0 H-L% | | |
| 18 | AM-F-1_29Am_since: | 1 sil | sil | 0 | 1.404 | 0 | 1 NULL | 0 NULL | 1 sil | sil | 0 | 1.404 | 0 NULL | | |
| 19 | AM-F-1_29Am_since: | 2 aym% | aym% | 1.404 | 1.63 | 1 | 1 NULL | 1 NULL | 2 i'm | i'm | 1.404 | 1.63 | 1 NULL | | |
| 20 | AM-F-1_29Am_since: | 3 s | s | 1.63 | 1.8 | 0 | 1 NULL | 0 NULL | 3 so | so | 1.63 | 1.959 | 1 NULL | | |
| 21 | AM-F-1_29Am_since: | 4 ow% | ow% | 1.8 | 1.959 | 1 | 1 NULL | 1 NULL | 3 so | so | 1.63 | 1.959 | 1 NULL | | |

图3-8 粘贴数据

## 3.2 提取归一化基频数据并作图

### 3.2.1 提取归一化基频数据

提取归一化基频数据推荐使用伦敦大学学院许毅教授编写的 Praat 脚本程序 ProsodyPro。

数据编辑软件推荐使用 Uedit。

(1) 按照前面介绍的数据库检索方法，搜索需要研究的句子。以"Oh"，"thank you"为例。在"数据提取示例文件"中，预先准备好"thank you"文件夹，里面包括这句话的真诚和不真诚表达。首先，从"语料库相关的 Praat 脚本程序"中复制"ProsodyPro 提取归一化基频数据及情感语音参数"到"thank you"中的"sincere"和"insincere"文件夹。该脚本在使用时，要求脚本程序与 wav 和 TextGrid 文件在同一个文件夹中。

(2) 双击"Praat"，点击 Objects 窗口左上角的"Praat"—"Open Praat script"，找到"thank you"里"sincere"文件夹中的"ProsodyPro 提取归一化基频数据及情感语音参数"，打开（见图 3-9）。

图 3-9 打开脚本 ProsodyPro

(3) 点击"Run"，运行脚本（见图 3-10）。

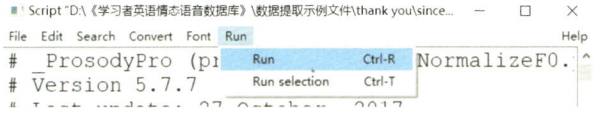

图 3-10　运行脚本

（4）在弹出的"Run script"窗口中的"Target tier"对话框中输入"2"，因为第二层是 WORD 层，我们要以 WORD 为单位提取基频数据（见图 3-11）。

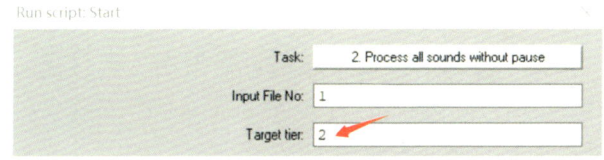

图 3-11　设置需要提取数据的层级

（5）在"Task"后面的下拉菜单中选择"2. Process all sounds without pause"，点击"OK"即可提取数据（见图 3-12）。

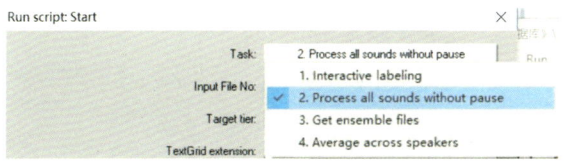

图 3-12　设置 Task 类型

（6）运行结束后，在"thank you"中的"sincere"文件夹里，会增加很多数据文件。点击"类型"进行排序。图 3-13 选中的扩展名为"normtimef0"的所有文件，都是归一化（normalized）后的基频数据。

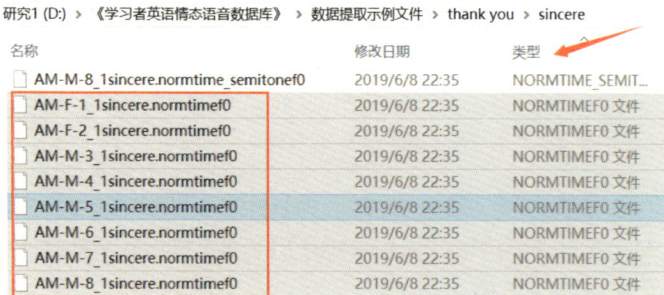

图 3-13　按类型对数据文件排序

（7）回到"学习者英语情态语音数据库"根目录，双击打开 Uedit32.exe 程序并运行，打开"normtimef0"数据文件。点击弹出的试用期到期窗口下的"关闭"，可继续使用。

（8）再回到"thank you"—"sincere"文件夹，选中所有的"normtimef0"文件，拖动到电脑底部的 UE 图标（即 Uedit 程序），即可打开所有的"normtimef0"文件（见图 3-14）。

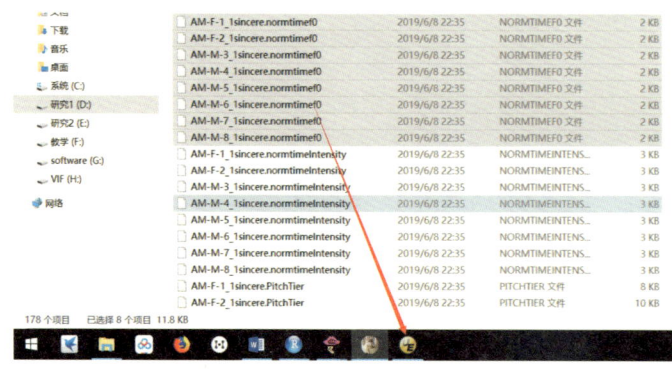

图 3-14　用 Uedit 打开数据文件

（9）删除每个文件中多余的"sil"（声音文件中的 silence）和"sp"（声音文件中的 short pause）数据，保存（见图 3-15 和 3-16）。

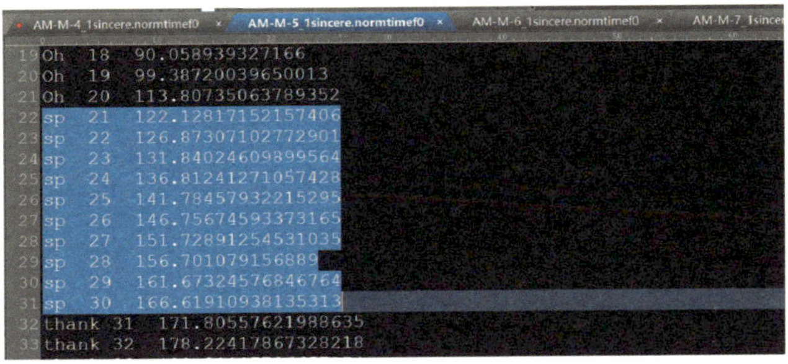

图 3-15 删除"sp"(short pause)

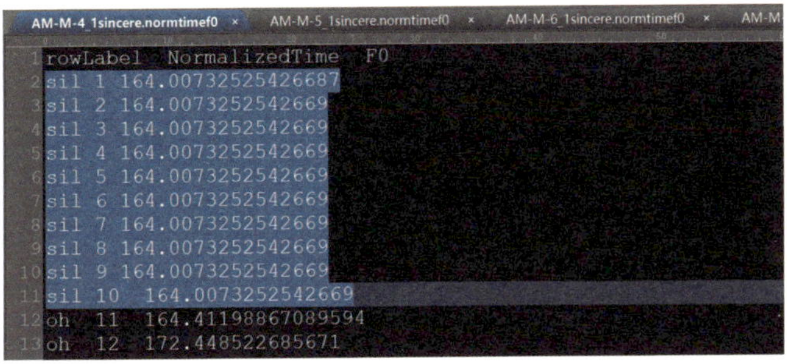

图 3-16 删除"sil"(silence)

(10) 查看删除"sil"和"sp"后的数据,会发现单词"oh","thank","you"分别有 10 个数据,即脚本在每个单词上等间隔取了 10 个时间点上的基频值(见图 3-17)。

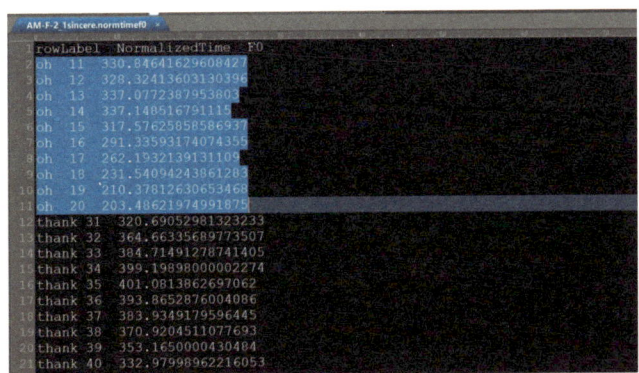

图 3-17 查看每个单词的基频值个数

(11) 点击电脑底部的 Praat 图标,可以找到 Script 再次运行。如果找不到 Script 窗口,可以重新点击 Objects 窗口左上角的"Praat"—"Open Praat script",找到"thank you"里"sincere"中的"ProsodyPro 提取归一化基频数据及情感语音参数",打开。

(12) 在点击"Run"运行后的窗口中的"Task"处点击"3. Get ensemble files",回车,将刚才删除"sil"和"sp"后的所有 normtimef0 文件合并成一个文件,即"normf0.txt"(见图 3-18)。

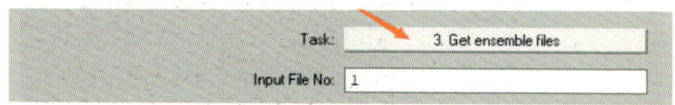

**图 3-18　选择合并数据文件**

(13) 在"sincere"文件夹找到"normf0.txt",打开。全选、复制里面的数据(见图 3-19)。

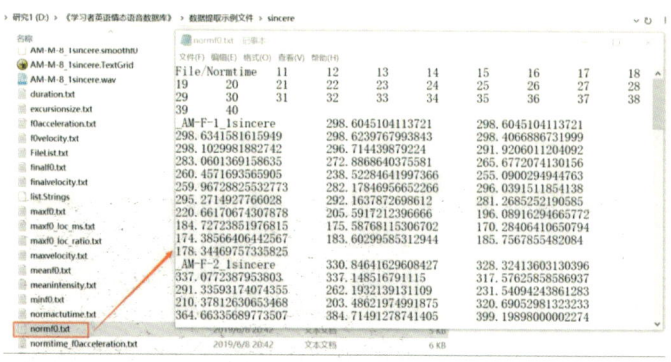

**图 3-19　打开合并后的 normf0 数据**

(14) 新建一个 Excel 文档,点击左上角第一个单元格,粘贴刚才复制的数据。操作正确的话,每行数据都比较整齐,到第 40 列结束。如果数据不整齐,说明刚才删除"sil"和"sp"时,有误删的地方。需要检查 normtimef0 文件，处理好之后，重新在"Task"处点击"3. Get ensemble files"（见图 3-20）。

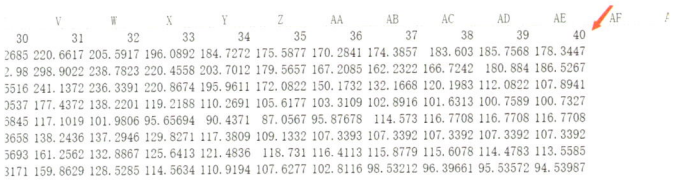

图 3-20 将 normf0 数据复制进 Excel 表

（15）用 Excel 的公式功能求出所有美国发音人表达真诚致歉的语调均值。

（16）点击"Objects"窗口左上角的"Praat"—"Open Praat script"，找到"thank you"里"insincere"中的"ProsodyPro 提取归一化基频数据及情感语音参数"，打开。按以上（3）到（15）的步骤和方法，求出所有美国发音人表达不真诚致歉的语调均值。然后，分别复制真诚的均值和不真诚的均值，在新的表单（sheet）中，点击右键，在列表中选择"选择性粘贴"—"数值"，可以把公式得到的数据转换为数值。如果直接粘贴，会出现"#DIV/0!"错误（见图 3-21）。

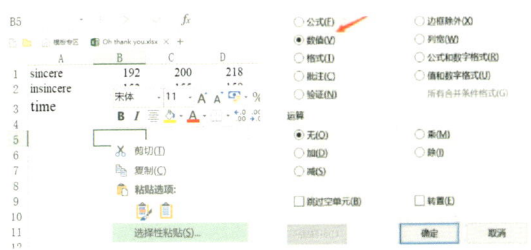

图 3-21 粘贴数据时需选择数值

（17）"sincere"均值和"insincere"均值两行数据粘贴在一起之后，给每列数据编号 1-30。1-30 即作图时的横坐标数值

（见图3-22）。

图3-22 完成做归一化语调图的数据准备

## 3.2.2 用Excel作归一化语调图

作图既可以用2013版的Microsoft excel（本书简称Excel）来完成，也可以用支持R语言的代码编写工具Rstudio。Excel虽然较常用，但是作图步骤烦琐，而Rstudio更方便快捷，只需要把本书的代码复制进去，直接运行，可瞬间完成作图。下面先介绍如何用Excel作图，然后再介绍用R studio作图的方法。

（1）点击"插入""散点图"中的"带平滑线和数据标记的散点图"在第一行中间（见图3-23）。

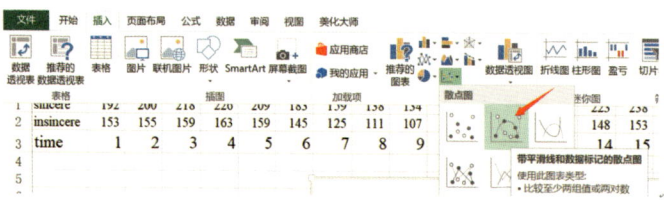

图3-23 选择带平滑线和数据标记的散点图

（2）在弹出的空白图上点右键，选择"数据"（见图3-24）。

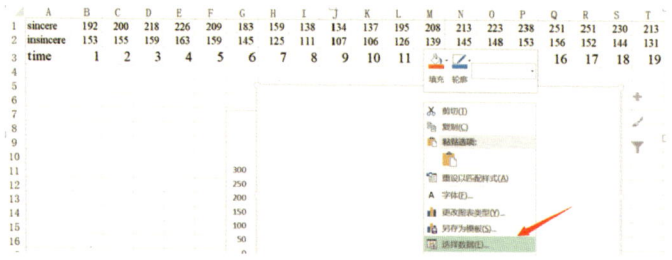

图3-24 点击选择数据

(3)点击"添加",在系列名称里输入"sincere",点击"X轴系列值"右下方的箭头所指位置,选择X轴数据(见图3-25)。

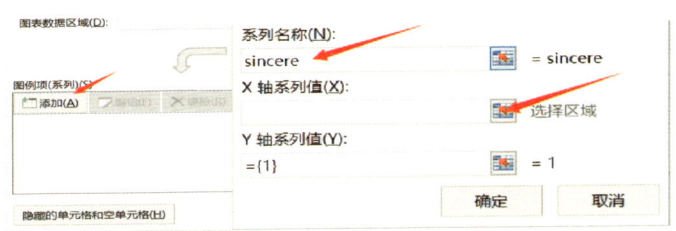

图3-25 添加X轴数据

(4)用鼠标拉动,选中X轴数值,再点下面箭头所指图标,退出X轴数据选取窗口(见图3-26)。

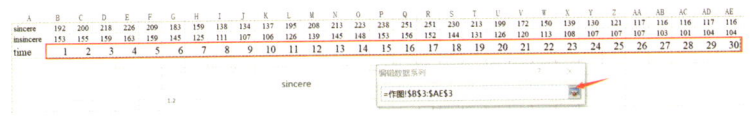

图3-26 点击图标退出X轴数据选取窗口

(5)点击下图箭头所指图标,选择Y轴数据(见图3-27)。

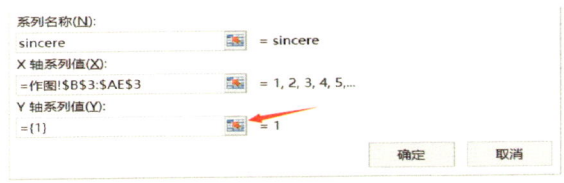

图3-27 选择Y轴数据

(6)用鼠标拉动选择框内的"sincere"基频数据作为Y轴数据,然后点击箭头所指图标退出数据选择窗口(见图3-28)。

图3-28 点击图标退出Y轴数据选择窗口

(7)这时,"sincere"的数据选择完毕,出现"sincere"的语调图。点击"确定",回到重新弹出选择数据源窗口,点击"添加"对"insincere"的数据进行操作(见图3-29)。

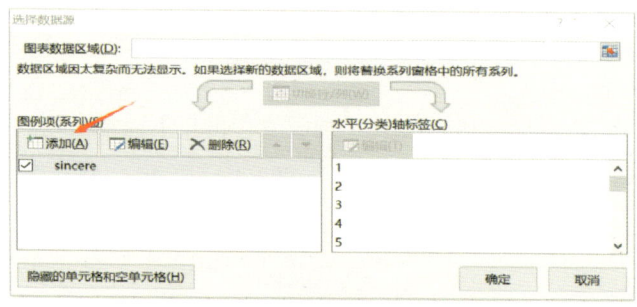

图3-29 添加"insincere"数据

(8)重复"sincere"的数据操作步骤,在系列名称中输入"insincere",选择1-30作为X轴数据,选择"insincere"的基频值作为Y轴数据,点击"确定"。会发现选择数据源窗口中出现"sincere"和"insincere",表明数据选择已经完成。点击"确定"完成(见图3-30)。

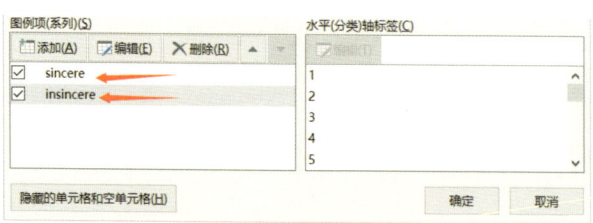

图3-30 完成数据选择

（9）这时，图中会出现两条曲线，即"sincere"和"insincere"的语调曲线。下面添加图例：点击 Excel 顶部的"图表工具"下的"设计"—"图例"—"顶部"（见图 3-31）。

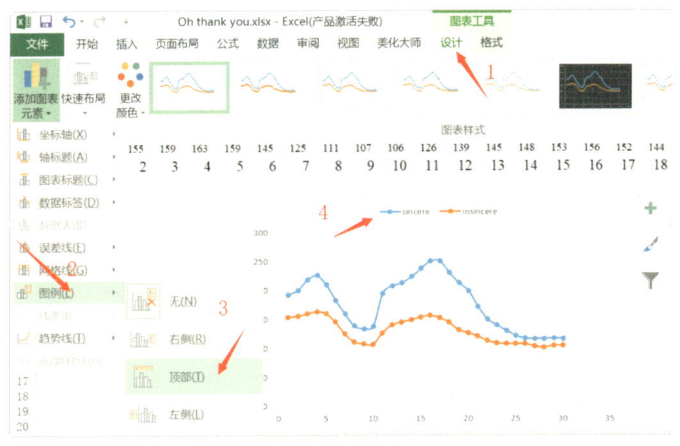

图 3-31 作语调图

（10）双击图中网格线，点"delete"删除网格线。

（11）点击"插入"—"形状"—"直线符号"，在图上插入竖线，把"Oh""thank""you"三个词分开（见图 3-32）。

图 3-32 插入竖线

（12）第一根竖线在 X 轴数值 10 位置，因为 Praat 提取基频时，是每个单词取 10 个点，3 个单词即 30 个点。复制第一根竖线，拖动到 X 轴 20 位置；复制第三根竖线，拖动到 X 轴 30

位置。

（13）点击运行的 Excel 顶部的"图表工具"下的"设计"—"图表标题"—"图表上方"，添加标题"美国发音人表达真诚致歉和不真诚致歉的语调"。再点击 Excel 顶部"插入"—"文本框"，输入"Oh thank you"，并拖到图中相应的位置。作图基本完成（见图 3-33）。

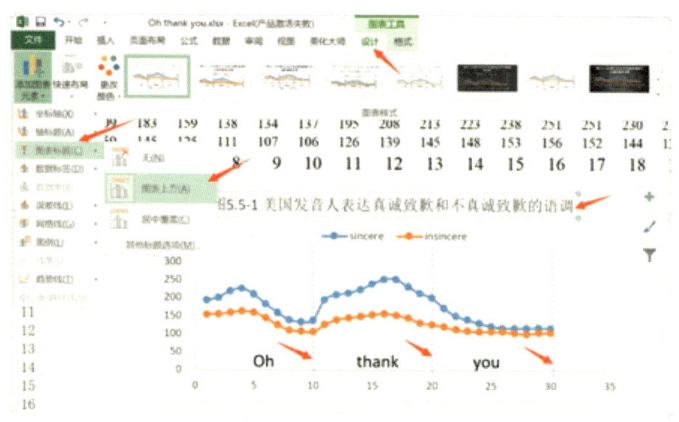

图 3-33　添加标题

（14）利用 Excel 表中基频数据，还可以算出美国发音人真诚和不真诚致歉的音高均值分别为 177 Hz 和 129 Hz，调域分别为 135 Hz 和 62 Hz。这两项数据和上图结合，可以对美国发音人真诚和不真诚致歉的语调特征作定性分析。

（15）以上 Excel 表数据和图片以"thank you 归一化数据及作图"为文件名，保存在"数据提取示例文件 \ thank you"目录下。

### 3.2.3　用 R 语言作归一化语调图

将"数据提取示例文件"目录下的"thank-Rstudio"文件复制到 D 盘根目录下，复制下列代码到 Rstudio，运行，即可得到归一化的语调图（见图3-34）。

install. packages( "tidyverse")；install. packages( "openxlsx")
library( tidyverse)；library( openxlsx)
thank < - read. xlsx( "D:/thank - Rstudio. xlsx")
ggplot( data = thank, aes( x = Points, y = F0, group = Attitudes, color = Attitudes) ) +
　　geom_line( size = 1) +
　　geom_point( size = 1, fill = "white") +
ggtitle( "图3-34 美国发音人表达真诚与不真诚致歉的语调")

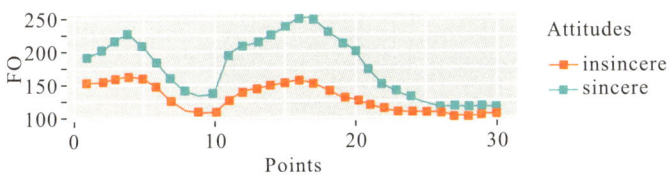

图3-34　R语言作的语调图

如图3-34所示，美国发音人表达真诚致歉的语调（蓝色曲线）整体音高比表达不真诚致歉的语调（橙色）更高。真诚致歉全句的平均音高为177 Hz，比不真诚致歉（129 Hz）高48 Hz。真诚致歉的调域为135 Hz，比不真诚致歉（62 Hz）宽74 Hz。真诚与不真诚致歉音高突显的位置相同，都在"Oh"和"thank"上，但是真诚致歉的突显程度明显高于不真诚致歉。真诚与真诚致歉在焦点词"thank"之后，都出现焦点后的调域压缩，使得焦点词"thank"得到很好的突显。根据以上分析，可以推测真诚致歉的表达可能与整体音高、音高突显、调域相关。提升音阶、增加焦点词的突显度、增加调域跨度，可以提高真诚度。当然，以上分析只是一种定性分析，更加准确的分析需要利用回归模型,以真诚度为因变量,以音高均值、调域跨度为自变量,进行模型拟合,结论会更加可靠。

## 3.3 提取时长、音高、音强数据

推荐使用法国国家科研中心语音所丹尼尔·赫斯特(Daniel Hirst)教授编写的脚本程序 Analyse_tier。

(1)双击 Praat 程序,点击"Praat"—"Open Praat script",在"语料库相关的 Praat 脚本程序"中找到 Analyse_tier 提取时长、音高、音强数据,点击"Run"(见图 3-35)。

图 3-35 打开脚本 Analyse_tier

(2)弹出的窗口中在"Sound folder"和"TextGrid folder"处,需要分别设置 wav 和 TextGrid 的路径(见图 3-36)。

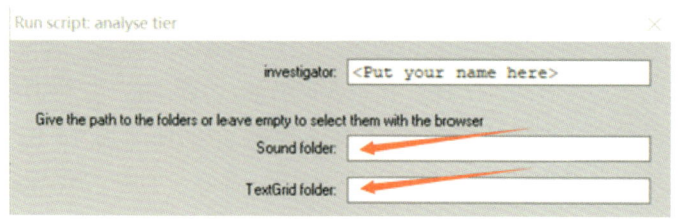

图 3-36 设置 wav 和 TextGrid 所在路径

(3)下面仍以"数据提取示例文件"中的"sincerity"文件为例。打开"sincerity"文件夹后,点击上面路径后的任意位置,复制路径"D:\《学习者英语情态语音数据库》\数据提取示例文件\sincerity"(见图 3-37)。

图 3-37 复制路径

(4) 在"Sound folder"和"TextGrid folder"框中粘贴复制的路径"D:\《学习者英语情态语音数据库》\数据提取示例文件\sincerity"。在"Analysis tier"中输入需要分析的层名称。这里程序默认的是 WORD,也就是分析我们数据库中的第二层(见图 3-38 和 3-39)。

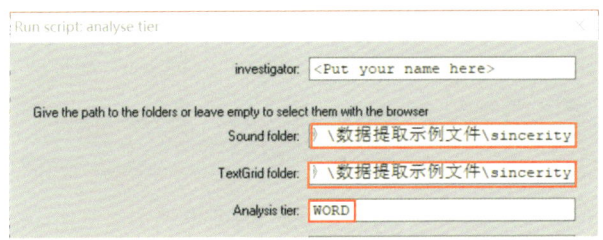

图 3-38 粘贴路径,设置需要提取数据的标注层名

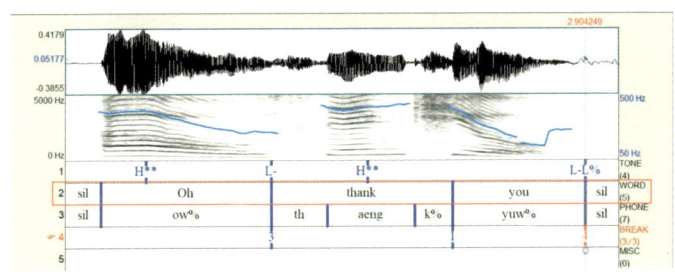

图 3-39 查看标注层名称

(5) 勾选"calculate intensity",表示需要提取音强数据(见图 3-40)。

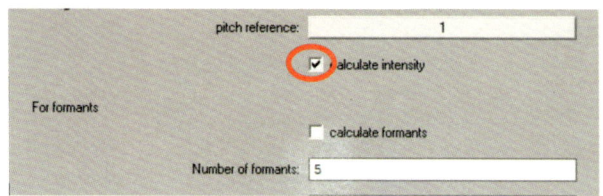

图 3-40　选择计算音强

（6）在"pitch units"处，可以选择音高的单位，如"Hertz""octaves""semitones"。这里，我们选默认的"Hertz"（见图 3-41）。

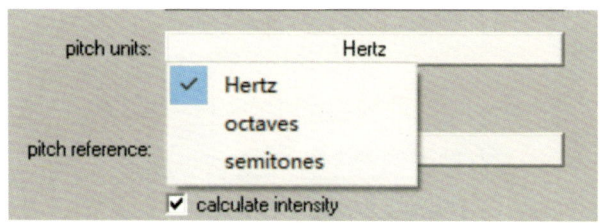

图 3-41　选择音高单位为 Hertz

（7）如果没有找到 OK 键，则点击键盘上 Enter 键运行。

（8）运行结束，会弹出 Praat Info 窗口。点击右键，全选并复制里面的数据（见图 3-42）。

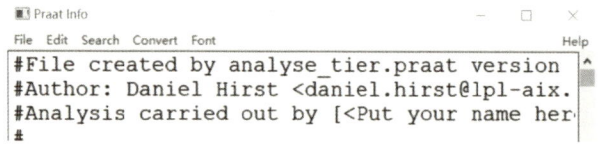

图 3-42　复制"Praat Info"里面的数据

（9）新建 Excel 表，在左上角第一个单元格内按"Ctrl + V"粘贴。调整列宽，得到下列数据结构（见图 3-43）。

| | A | B | C | D | E | F | G | H | I | J |
|---|---|---|---|---|---|---|---|---|---|---|
| | | file | label | duration | f0_min | f0_mean | f0_max | int_min | int_mean | int_max |
| # file : E5-F-2_10impatient | | | | | | | | | | |
| # min_pitch: 241; median_pitch: 366 max_pitch 1126; | | | | | | | | | | |
| 1 | E5-F-2_10impatient | sil | 1188 | NA | NA | NA | 12 | 44 | 54 | |
| 2 | E5-F-2_10impatient | Did | 349 | 244 | 291 | 355 | 45 | 68 | 72 | |
| 3 | E5-F-2_10impatient | you | 269 | 309 | 440 | 601 | 60 | 73 | 78 | |
| 4 | E5-F-2_10impatient | hear | 458 | 350 | 391 | 573 | 54 | 72 | 77 | |
| 5 | E5-F-2_10impatient | me | 504 | 314 | 389 | 572 | 39 | 66 | 73 | |
| 6 | E5-F-2_10impatient | sil | 981 | NA | NA | NA | 14 | 41 | 51 | |

图 3-43　粘贴数据到 Excel 表

（10）若数据中有"has no tier ［WORD］"的提示，说明这句话的 TextGrid 文件中的层名有误，程序找不到（见图 3-44）。

```
# file : E5-F-2_19sarcastic
# min_pitch: 260; median_pitch: 390 max_pitch 996;
                              63 E5-F-2_19sarcastic   sil
                              64 E5-F-2_19sarcastic   Clever
                              65 E5-F-2_19sarcastic   sil
###TextGrid [E5-F-2_1sincere] has no tier [WORD]
```

图 3-44　查看数据提取失败的句子

（11）用 Praat 打开该句"E5-F-2_1sincere"的 wav 和 TextGrid 文件，发现问题出在右边第二层的名字为小写的"word"（故意设置），而程序设定的层名应为大写"WORD"。

（12）此时，有两种方法解决层名大小写统一的问题。

方法1：把这句话单独放到一个新的文件夹中，运行脚本时，在设置窗口处把"Analysis tier"名改为小写"word"，然后单独提取这句话的数据（见图 3-45）。

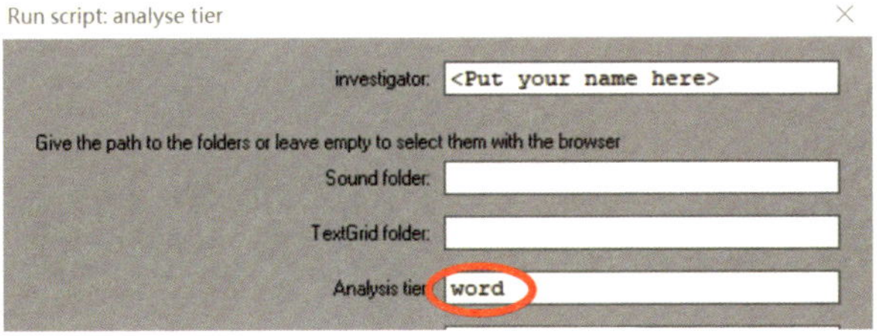

图 3-45　修改提取数据的层级名称

方法2：更改 TextGrid 文件中层的名称为大写"WORD"。

首先选定第2，即需要修改名字的第2层，然后点击"Tier"—"Rename tier"，把"word"改为"WORD"。然后，保存改好的TextGrid（替换原文件）。最后，重新提取数据（见图3-46）。

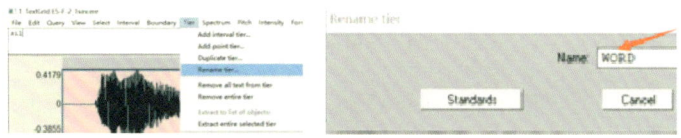

图3-46 重新命名层级名称为"WORD"

（13）推荐使用方法2，这样可一劳永逸，避免以后提取数据再出错。

## 3.4 提取节奏数据

提取节奏数据之前，需要在本数据库已有音段切分的基础上，进一步对音段进行切分，把所有的元音和辅音分开；需要增加"REFERENCE"层，即对元音和辅音的类别进行标识；需要增加音节层，即对音节进行标识，如图3-47所示。

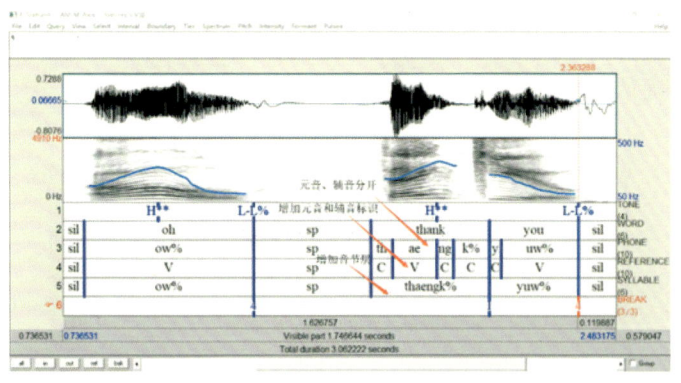

图3-47 标注元音（V）与辅音（C）

### 3.4.1 进一步切分音段

(1) 以美国 1 号女发音人"AM-F-1"的 1sincere 句为例。打开 Praat 软件,点击"Open"—"Read from file",找到"数据库文件 ALL",同时选中"AM-F-1_1sincere.wav"和"AM-F-1_1sincere.TextGrid",打开。

(2) 在"Praat Objects"窗口,按住 Ctrl 键不放,分别选择"AM-F-1_1sincere.wav"和"AM-F-1_1sincere.TextGrid"两个文件,点击"View & Edit"打开声音和标注文件。

(3) 在第三层 PHONE 中,将"thank"中"aeng"的元音"ae"和辅音"ng",以及"you"中"yuw"的辅音"y"和元音"uw"分开。

(4) 判断"ae"与"ng"的边界位置。用鼠标点击图 3-48 箭头位置,即出现一条虚线。之所以判断该位置为元音"ae"和鼻音"ng"的分界线,是因为虚线前有明显的共振峰,虚线后共振峰消失。有共振峰是元音的重音特征,辅音"ng"是没有共振峰的,所以以此为界进行切分(见图 3-48)。

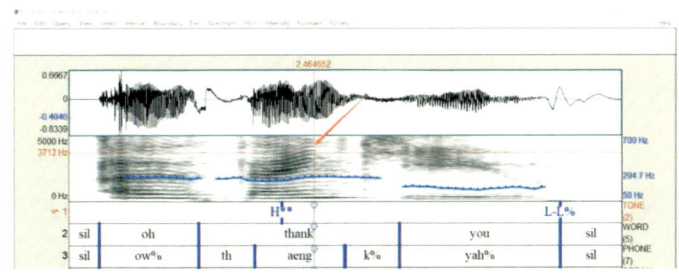

图 3-48 根据共振峰判断元音与辅音边界

(5) 点击箭头所指圆圈,插入分界(boundary)(见图 3-49)。

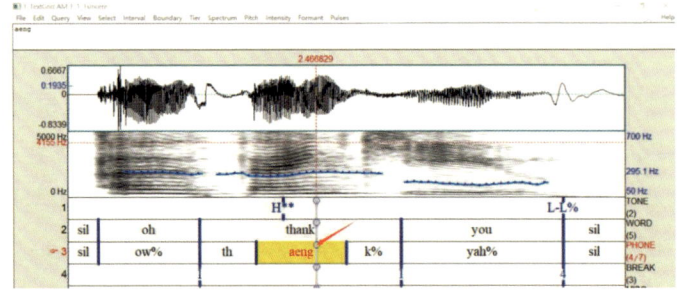

图3-49 点击圆圈,插入分界

(6)这时会增加边界(见图3-50)。

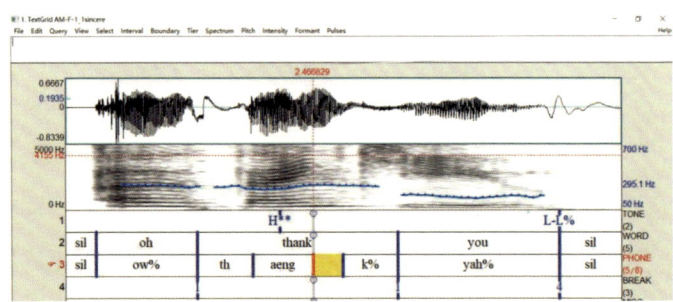

图3-50 增加边界

(7)点击"aeng",光标会出现在窗口的左上角。这时可以选中鼻音"ng",剪切(见图3-51)。

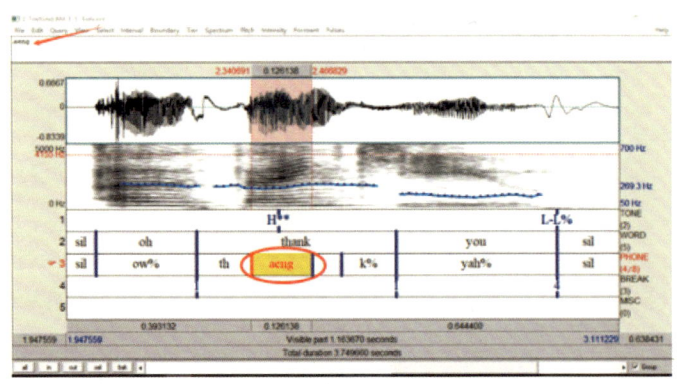

图3-51 剪切辅音"ng"(左上角)

(8) 点到 k% 前面的空白,粘贴,即完成"ae"和"ng"的标注。同样的方法,可以把"you"中的"y"和元音"uw"分开。

### 3.4.2　增加元音和辅音类型标识

首先需要在第三层音素层(PHONE)的下面增加一层(tier)。因此,需要点击图 3-51 窗口上方的"Tier"—"Add interval tier"。注意,这里需要增加的是"interval tier",而不是"point tier"(见图 3-52)。

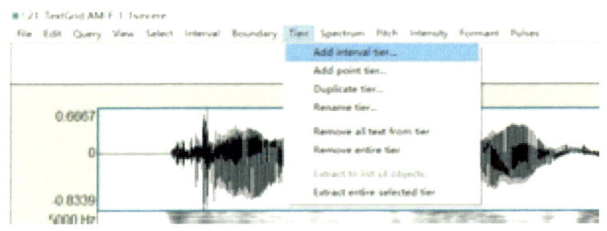

图 3-52　增加"interval tier"

在随后弹出的窗口中将"Position"设置为 4,新增这一层属于第四层,在第三层的下面。在"Name"处输入"REFERENCE"即可设置层名(见图 3-53)。

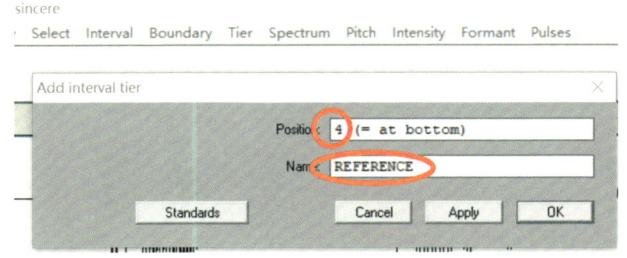

图 3-53　设置增加"interval tier"的位置和名称

这时,右侧 PHONE 下面增加了 REFERENCE 层。然后,我们需要在 REFERENCE 层中添加 PHONE 层中每个音位对应的边界。从左到右依次点击 PHONE 层中的边界（下图左边上面的箭头所指），该边界会变红，并在下面增加圆圈。点击箭头所指圆圈，即可增加 REFERENCE 层对应的边界（见图 3-54）。

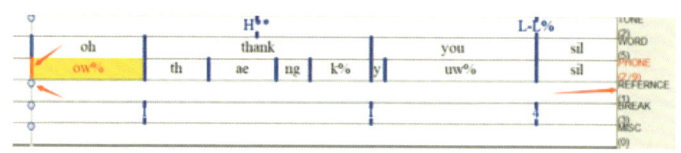

图 3-54　增加 REFERENCE 层左边的边界

然后，按照此法，增加所有 PHONE 层对应的边界，并将音位标识"V"（元音）和"C"（辅音）输入 REFERENCE 层中（见图 3-55）。

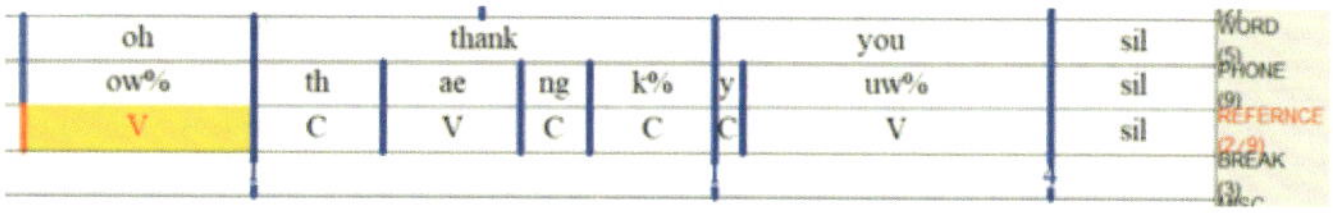

图 3-55　输入音位标识

接下来，增加 SYLLABLE（音节层）。由于音节层与音素层差异不是很大，我们可以复制该层，在其基础上修改。首先点击左侧数字"3"，选定该层。再点击窗口上方的"Tier"—"Duplicate tier"（见图 3-56）。

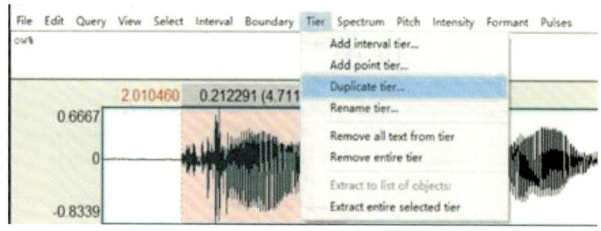

图 3-56　复制音节层

在弹出的窗口"Position"框输入"5","Name"框输入"SYLLABLE",点击"OK"(见图3-57)。

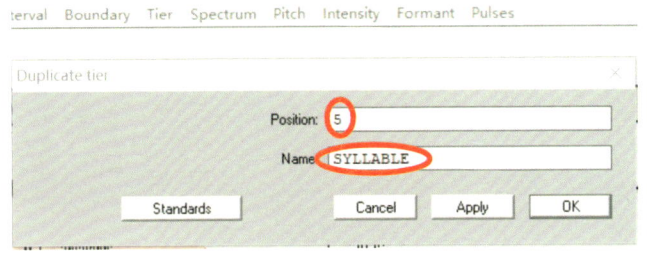

图 3-57　设置新增层的位置与名称

在新增的 SYLLABLE 层中,删除音节内部多余的边界。例如,选中"th"和"ae"之间的边界,点击窗口上方的"Boundary"——"Remove",即可删除此边界。由于"Remove"的快捷键是"Alt + Backspace",因此其他边界的删除可在选中该边界的基础上,直接按"Alt + Backspace"即可快速删除(见图3-58)。

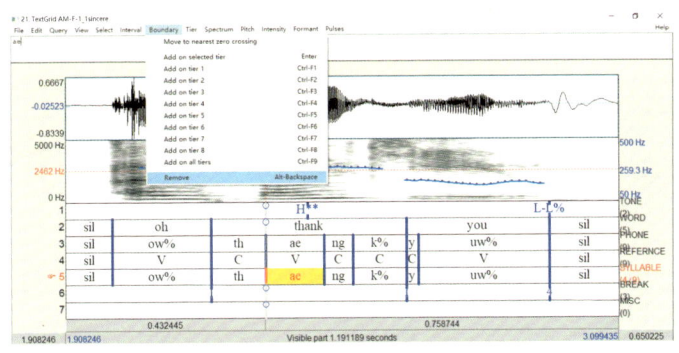

图 3-58　删除"th"与"ae"间的边界

最终结果如下(见图3-59):

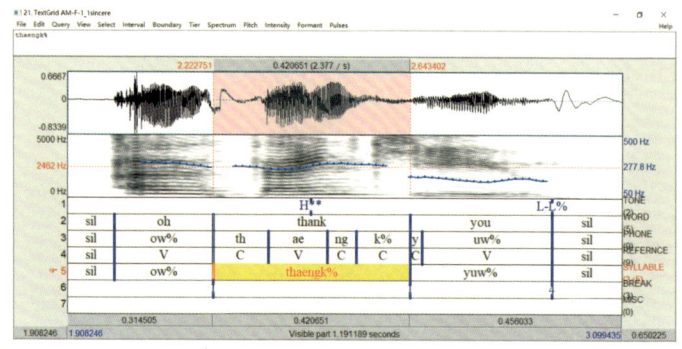

图 3-59  音节层的最终呈现

### 3.4.3 提取节奏参数

提取节奏参数可以使用江苏科技大学外国语学院邵鹏飞编写的脚本。此处暂时将脚本文件名改为"Analyse_rhythm"。下面以提取"数据提取示例文件"文件夹中"节奏 sample"里文件的节奏参数为例,讲解具体步骤和方法。

打开 Praat 软件,点击左上角"Praat"—"Open Praat script",在"语料库相关的 Praat 脚本程序"文件夹中找到"Analyse_rhythm 提取节奏参数",打开(见图 3-60)。

图 3-60  打开 Analyse_rhythm 脚本

打开脚本程序后,点击"Run"运行(见图 3-61)。

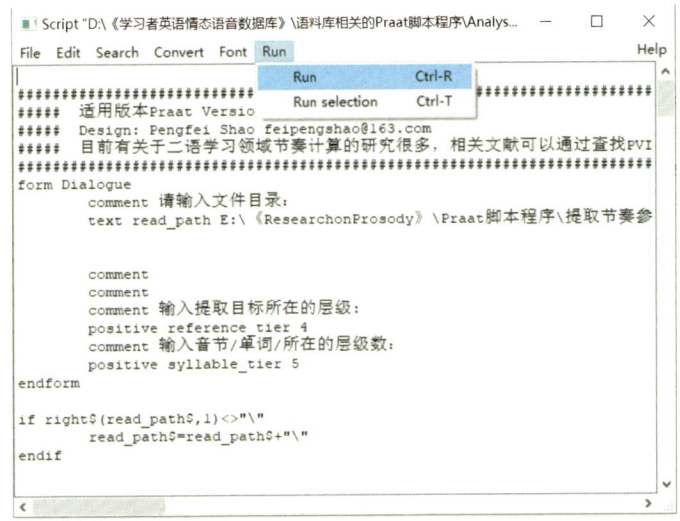

图 3-61　运行脚本

在弹出的文件目录窗口，输入准备提取的声音文件和 TextGrid 文件的路径（见图 3-62）。

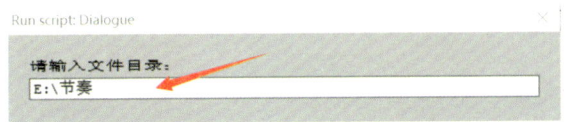

图 3-62　输入 wav 和 TextGrid 文件的路径

找到"数据提取示例文件"中的"节奏 sample"文件夹，复制路径："D：\《学习者英语情态语音数据库》\ 数据提取示例文件 \ 节奏 sample"（见图 3-63）。

图 3-63　复制路径

将路径"D：\《学习者英语情态语音数据库》\数据提取示例文件\节奏 sample"粘贴到目录框里，设置"reference tier"和"syllable tier"的参数。这里默认的分别是 4 和 5，正好和"节奏 sample"中的 TextGrid 的层级一致（见图 3-64）。

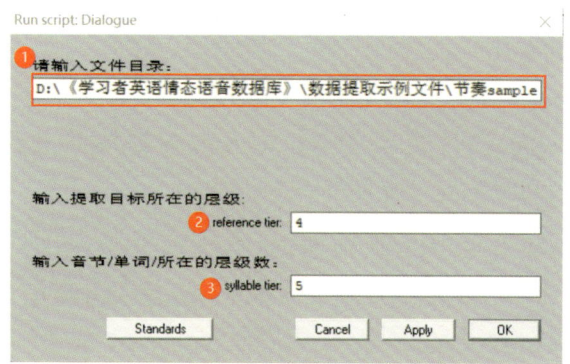

图 3-64　粘贴路径，设置 reference tier 和 syllable tier

可以点"Open"，找到"节奏 sample"中的 wav 和 TextGrid 文件，打开来看是否需要修改参数（见图 3-65）。

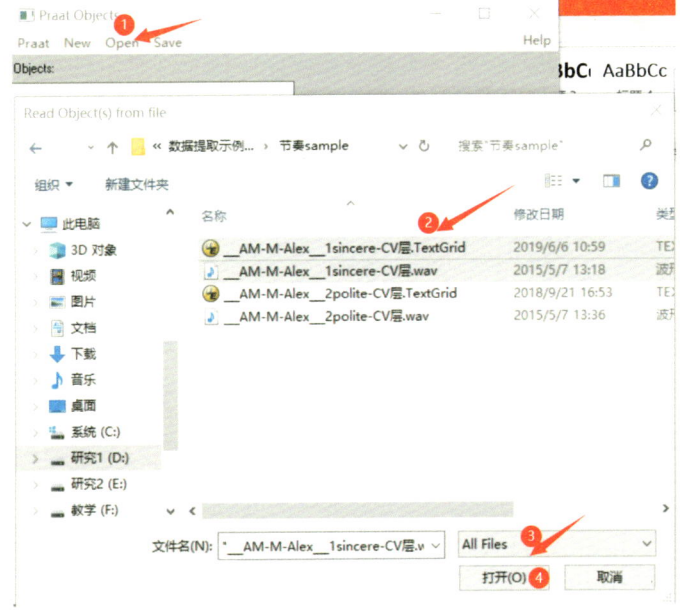

图 3-65　打开一个 wav 和 TextGrid 文件

同时选中 wav 和 TextGrid 文件，点"View & Edit"打开，可以看到第四层是"REFERENCE"，第五层是"SYLLABLE"，默认的参数保持不变（见图 3-66）。

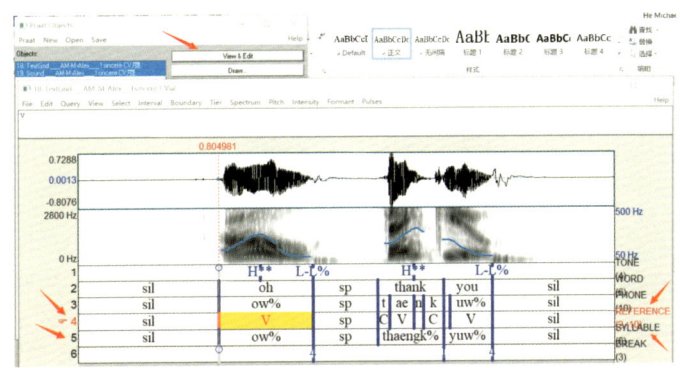

图 3-66　查看 REFERENCE 和 SYLLABLE 层的层级号（左侧）

确定参数之后,点击"Run script:Dialogue"框里的"OK"运行。运行结束后,可以在"节奏 sample"里找到"result_total.txt"文件(见图 3-67)。

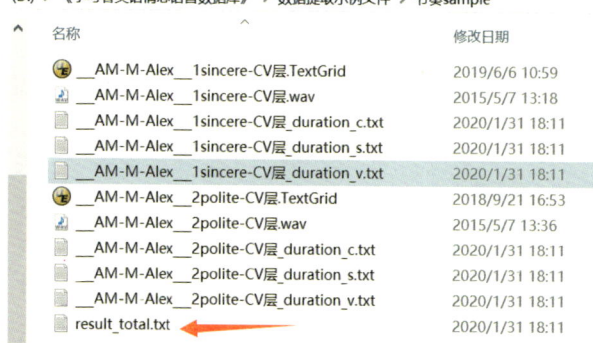

图 3-67 找到数据文件"result_total.txt"

打开"result_total.txt"文件,全选复制里面的数据。新建一个 Excel 表,选中左上角第一个格子(见图 3-68)。

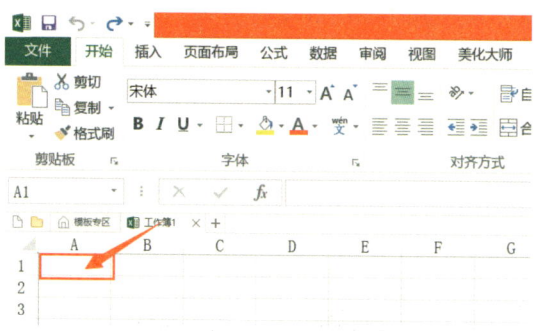

图 3-68 新建 Excel 表

在这个格子里用快捷键"Ctrl + V"粘贴前面复制的数据,即可得到整齐的节奏参数数据(见图 3-69)。

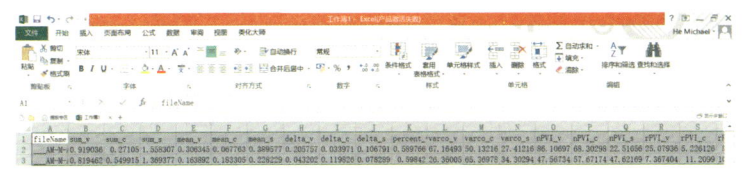

图 3-69 粘贴节奏数据到 Excel 表

这些数据包括 %V，△C，VarcoC，nPVI，rPVI 等常用节奏指标。相关参数的定义和参数计算方法可以参考于珏（2013）的博士论文《中国学生英语朗读节奏模式研究：以母语为杭州话的学习者为例》。

## 3.5 提取情感语音参数

提取情感语音参数推荐使用伦敦大学学院许毅编写的 Praat 脚本程序 ProsodyPro。

准备好需要提取情感语音参数的声音和 TextGrid 文件。这里以提取美国发音人表达真诚和不真诚致歉的情感参数为例。

（1）在附录 2 "数据库检索表"的情态类型检索表中查找 "sincere"，发现表达致歉的文本是 "I'm sorry"，其对应的文件名为 "29Am_sincere" 和 "40Am_insincere"。

（2）在发音人类型检索表中，美国发音人的文件名为 "AM"，可以在 "数据库文件 ALL" 中先后搜索 "AM*29Am" 和 "AM*40Am"，即可把美国发音人表达真诚和不真诚致歉的所有句子（wav 和 TextGrid 文件）找到。这里我们把它们复制出来放到 "数据提取示例文件"中的 "情感参数 sample" 文件夹内。

在使用提取情感参数的脚本 ProsodyPro 时，脚本程序必须在 wav 和 TextGrid 文件夹内。因此，需要先从 "语料库相关的 Praat 脚本程序"中，把该脚本 "ProsodyPro 提取归一化基频数据及情感语音参数"复制到"情感参数 sample"文件夹内(见图 3-70)。

图 3-70　复制脚本 Prosody Pro 到"情感参数 sample"文件夹

打开 Praat 程序,点击"Praat"—"Open Praat script",在"情感参数 sample"文件夹内找到 ProsodyPro 脚本,打开(见图 3-71)。

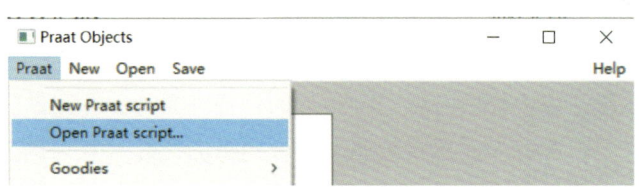

图 3-71　打开脚本 ProsodyPro

点击脚本窗口的"Run",在弹出的"Run script"窗口设置"Target tier"(见图 3-72)。

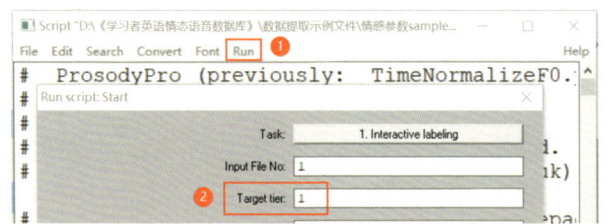

图 3-72　运行脚本后设置 Target tier

这时需要"Objects"窗口的"Open"—"Read from file",

在"情感参数 sample"文件夹中任意打开一个 wav 和相应的 TextGrid 文件,看看需要分析哪一层(见图 3-73)。

图 3-73　打开一个 wav 与 TextGrid 文件

同时选中 wav 和 TextGrid 文件,点击"View & Edit"查看标注文件,发现第三层是音素层(PHONE)。因为提取情感参数主要针对元音,所以在之前的"Run script"窗口设置"Target tier"为 3(见图 3-74 和 3-75)。

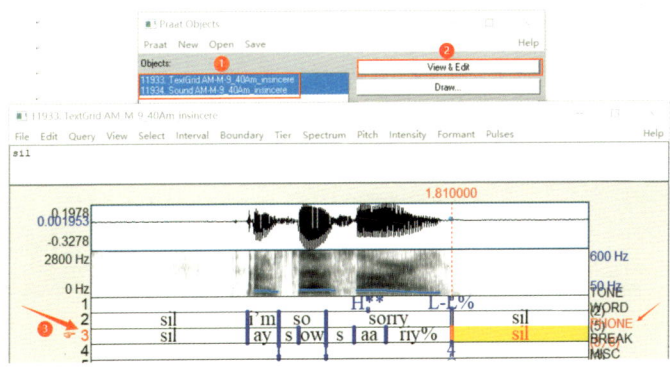

图 3-74　查看音素层的编号(左侧)

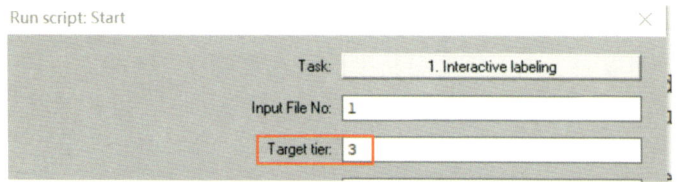

图 3-75　设置 **Target tier** 编号

点击"1. Interactive labeling",在展开的菜单中选择"2. Process all sounds without pause"（见图 3-76）。

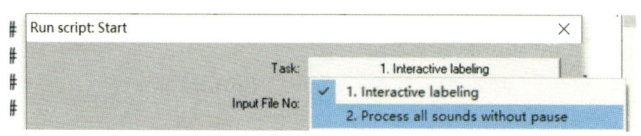

图 3-76　选择任务:"**Process all sounds without pause**"

勾选"Get BID measures",点击"OK"运行（见图 3-77）。

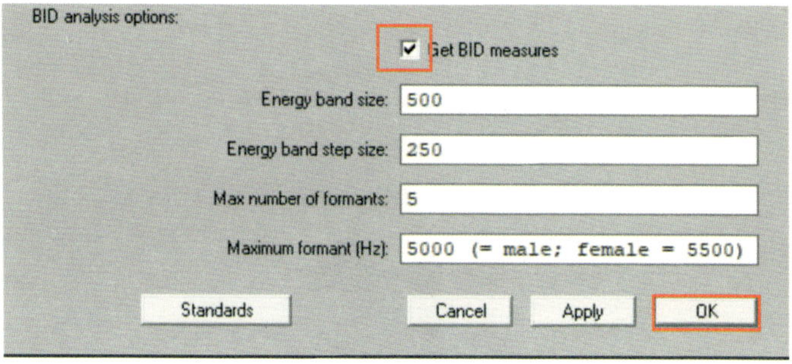

图 3-77　勾选"**Get BID measures**"

运行后,会发现"情感参数 sample"文件夹内生成了很多数据文件。如果搜索"BID",会发现每个声音文件都对应了一个 BID 文件（见图 3-78）。

图 3-78 查看生成的"BID"数据文件

再次回到脚本程序运行窗口，点击"1. Interactive labeling"，在展开的菜单里选择"3. Get ensemble files"，同时勾选"Get BID measures"，然后点击"OK"运行，在弹出的"Pause"窗口点击"Continue"，可以把所有的 BID 数据文件合成一个 txt 文件（见图 3-79 和 3-80）。

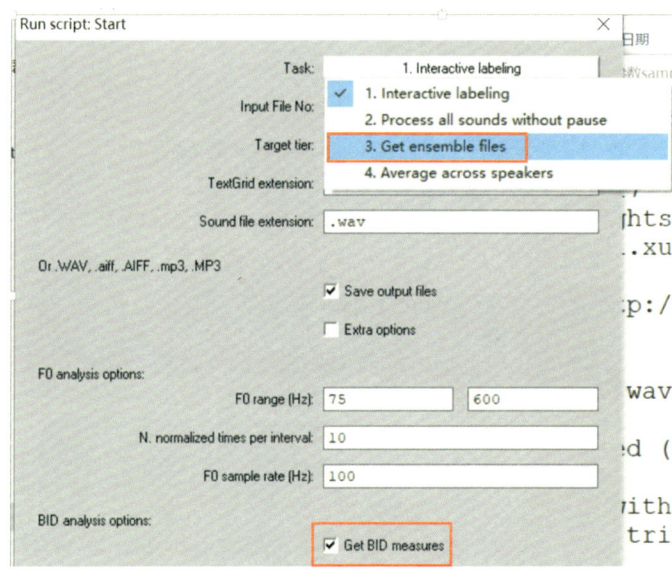

图 3-79 选择任务：合并数据文件（需勾选"Get BID measures"）

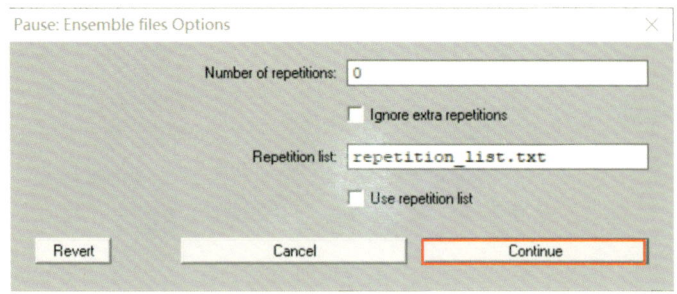

图3-80 保持默认设置，点击"Continue"

运行结束后，在"情感参数 sample"文件夹搜索栏输入"BID"，即可找到合并的 BID.txt 文件（见图3-81）。

图3-81 找到合并后的 BID 数据文件

打开 BID 文件，全选里面的数据，复制。新建一个 Excel 表，鼠标点中表中左上角第一个单元格，粘贴。15 个情感参数的数据会整整齐齐地呈现在表中（见图3-82）。

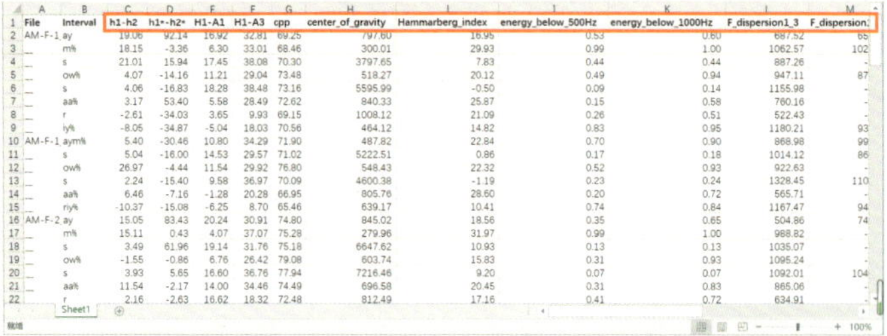

图3-82 复制 BID 数据到 Excel 表

下面介绍 15 个情感参数。

◇ h1-h2（dB）：第一、二谐波之间的振幅差。h1-h2

可以反映发声态。h1 - h2 的值越大，气化程度越高。h1 - h2 有区分高兴与害怕、害怕与生气、生气与中性的作用。

◇ h1$^*$ - h2$^*$（dB）：基于共振峰校正的第一、二谐波差。校正后，可以消除共振峰的影响，能更好地反映气化程度。

◇ H1 - A1（dB）：第一谐波和第一共振峰之间的振幅差。该参数通过计算声带闭合的速率区分发声态。

◇ H1 - A3（dB）：第一谐波和第三共振峰之间的振幅差。其作用与 H1 - A1 类似。

◇ cpp：倒谱突显峰值。cpp 反映的是声音中的噪音水平。cpp 值较小，说明声带状态倾向于气声态。

◇ center_of_gravity（Hz）：频谱重心。

◇ Hammarberg_index（dB）：哈马尔贝格指数，它是 0 ~ 2000 Hz 和 2000 ~ 5000 Hz 之间的最大能量差，反映频谱特征。

◇ energy_below_500 Hz（dB）：低于 500 Hz 声段的能量，一般悲伤状态的能量值较低，惊讶状态较高。

◇ energy_below_1000 Hz（dB）：低于 1000 Hz 的声段能量。

◇ Formant_dispersion1_3（Hz）：前三共振峰离散度，即前三个相邻共振峰之间的平均距离。男性的声音一般基频低于女性，共振峰离散度也较低。

◇ F_dispersion1_5（Hz）：前五共振峰离散度，即前五个相邻共振峰之间的平均距离。

◇ median_pitch（Hz）：基频中值。

◇ jitter：基频抖动，可以反映说话人声带振动频率的变化。它是连续周期之间的平均绝对差除以平均周期的值，其值大于 0，小于 2。愤怒状态的基频抖动一般较高。

◇ shimmer：振幅抖动，可以反映振幅的快速反复变化。

它是连续几个周期的振幅之间的平均绝对差除以平均振幅的值。

◇ harmonicity（dB）：谐波噪声率（HNR），它是声学周期性的程度，可以反映声音的嘶哑程度。

◇ energy_porfile（dB）：从 500 Hz 带宽的重叠频谱带计算出的 15 个信号能量值：0~500 Hz，250~750 Hz，500~1000 Hz，…，3250~3750 Hz，3500~4000 Hz。

关于情感语音参数的定义和内涵可以参照李向伟、方强、李爱军等（2013）的论文《情感语音的嗓音参数提取与分析》（第十二届全国人机语音通讯学术会议）。

# 4 中国学生表达真诚的韵律特征及其可理解度研究举例

情态语音数据库最直接的功能是为研究各种情态的韵律特征提供平台支撑。下面以表达真诚的韵律特征的研究为例。

## 4.1 研究方法

### 4.1.1 材料

从"学习者英语情态语音数据库"中选取 143 名中国学习者（小学 27 人、初中 31 人、高中 28 人、非英专本科 30 人、英专研究生 27 人）和 29 名本族语（美国 7 人、英国 22 人）表达非常真诚与非常不真诚的录音作为实验句。实验句包括致谢、祝愿、致歉三种类型，每种类型都有真诚与不真诚两种态度。共计语料 858 句。下面是实验句的内容：

真诚致谢：Oh! Thank you! 不真诚致谢：Oh! Thank you!
真诚祝愿：Have a nice time! 不真诚祝愿：Have a nice time!
真诚致歉：I'm so sorry!（美国发音人）
I do beg your pardon!（英国发音人）
不真诚致歉：I'm so sorry!（美国发音人）
I do beg your pardon!（英国发音人）

录音时，实验句分别出现在 3 个预设的情境对话中。录音时，发音人先听到对话中另外一个角色的录音，然后扮演另外一个角色，根据情境要求，表达出非常礼貌的态度。学习者可以尝试多次，竭尽所能，选取学习者最满意的句子保存。但本族语者在录音时只能录一遍，这样有助于评估任务的难度。下面是 6 个具体的语境。

（1）真诚致谢。

情境：Mary 在公交车上捡到了一个相机包，跑了很远的路，终于找到了失主 Richard。

Mary：Hello, Richard. I found your bag.

Richard：Oh! Thank you!（★非常感激）

Richard：Oh! Thank you very much! It's so nice of you!

（2）不真诚致谢。

情境：Mary 在公交车上捡到了一个相机包，跑了很远的路，终于找到了失主 Richard。这时 Richard 正忙着接电话，没有太在意 Mary 还包之事，表现得有些怠慢。

Mary：Hello, Richard. I found your bag.

Richard：Oh! Thank you!（★非常不诚恳）

（3）真诚致歉。

情境：Tom 不小心把咖啡洒在了 Mary 的新电脑上。

Tom：I'm so sorry. ＜美＞（★非常真诚）

Tom：I do beg your pardon. ＜英＞（★非常真诚）

Mary：Oh, no, my new computer.

（4）不真诚致歉。

情境：Cody 在下公交车时，不小心踩到了 Mary 的脚。由于考试要迟到了，Cody 随口说了一句对不起就跑掉了，态度很不诚恳。

Cody：I do beg your pardon. ＜英＞（★非常不诚恳）

Cody：I'm so sorry. ＜美＞（★非常不诚恳）

Mary：Ouch!

（5）真诚祝愿。

情境：Cody 与 Mary 在全国围棋比赛中同台竞技，Cody 获得冠军。Cody 要去北京领奖。离别时，尽管 Mary 心里有些嫉妒，还是真诚地与 Cody 道别。

Mary：Have a nice time!（★非常真诚）

Cody：Thank you!

（6）不真诚祝愿。

情境：Cody 与 Mary 在全国围棋比赛中同台竞技，Cody 获得冠军。Cody 要去北京领奖。Mary 心里有些嫉妒，与 Cody 道别，言不由衷。

Mary：Have a nice time!（★非常不诚恳）

Cody：Thank you!

### 4.1.2 听话人

听话人为31位来自16个国家的英语使用者。其中，内圈听话人是英语本族语者，共7人，分别来自英国、美国；外圈听话人的英语为第二语言，共7人，分别来自加纳、巴布亚新几内亚、马拉维、孟加拉国、喀麦隆、坦桑尼亚、肯尼亚；扩展圈听话人的英语为外语，共7人，分别来自也门、乍得、斯里兰卡、马里、越南、古巴、贝宁，中国大学生10人。除本族语被试之外，其他被试均参加过雅思或托福 IBT 考试，雅思5.5分以上，托福80分以上。由于听话人对发音人口音的熟悉度是影响可理解度的潜在变量之一（Gass & Varonis, 1984），我们选择了对中国英语口音较为熟悉的听者作为被试。内圈被试均为英语教师，有一至两年给中国学生授课的经历；外圈和扩展圈被试均为在中国留学的外国学生，在中国生活一至两年，有与中国学生交流的经历。

### 4.1.3 程序

听话人对这本族语学习者和本族语者的 858 个句子进行真诚度评分。评分是在某高校语言实验室的电脑上完成的。利用 E-Prime2.0，在电脑屏幕上呈现 1-7 分的语义差异量表：1 表示非常不真诚，7 表示非常真诚，4 表示中性。听辨人通过耳机逐一听到需要评判的句子，用鼠标点击相应的分数。句子之间不设时间限制，听辨人做出判断后，自动切换到下一个句子。

## 4.2 中国学生用英语韵律表达真诚的能力

数据用 R 语言（R Core Team，2016）进行分析，显著性水平设置为 0.05。用 lme4 包的 glmer 函数以真诚理解度 COMP 为因变量，发音人类型 SPKtype 和评分员类型为固定效应，发音人 SPK、实验句 ITEM、评分员 RATER 为随机效应，构建泊松回归的混合效应模型，拟合真诚理解度数据。主效应的 $p$ 值由 anova 函数对模型间进行似然率比较获得，简单效应通过 emmeans 和 contrast 函数获得。模型结构如下：

COMP ~ SPKtype + RTYPE + (1 | SPK) + (1 | ITEM) + (1 | RATER)

首先，考察中国学习者用韵律表达真诚致谢、祝愿、致歉的能力。我们将所有被试表达真诚的数据筛选出来，作混合效应分析。结果显示，在不区分听话人类型的情况下，中国学习者的真诚度（4.70±0.03）与英国发音人（4.86±0.04）无显著差异（$\beta=0.034$，$z=1.569$，$p=0.117$）。这说明中国学习者表达的真诚度跟英国发音人一样，都能被各国听话人理解。有趣的是，美国发音人的真诚度比中国学习者和英国发音人显著更高，比中国学习者高 13.5%（$\beta=0.126$，$z=3.755$，$p=0.0002$），比英国发音人高 8.8%（$\beta = -0.092$，$z = -2.390$，$p = 0.017$）。这可能源于英美两国发音人在民族性格方面的一些差异。美国人较奔放，因此在表达情感时更热烈；英国人较保守，在表达情感时较内敛。

图 4-1 和表 4-1 的统计量反映了在不区分听话人类型的情况下，各层次的中国学习者表达真诚的差异。美国发音人表达真诚的程度显著比英国发音人及各层次的中国学习者更高（$p<0.05$），平均真诚度为 $5.4 \pm 0.048$；其次为英国发音人，平均真诚度为 $5.0 \pm 0.040$。中国学习者中，表达真诚度最高的是英语专业研究生，平均真诚度达到 $4.9 \pm 0.038$，这符合常理。最差的是初中学生，平均真诚度仅 $4.7 \pm 0.38$。除初中学生与英语专业研究生（$p = 0.041$）、初中学生与英国发音人之间（$p = 0.035$）的真诚度有显著差异以外，各层次的中国学习者之间、这些学习者与英国发音人之间均无显著差异（$p > 0.05$）。这说明，除初中学生外，其他中国学习者用韵律表达真诚致谢、祝愿、致歉的能力都达到了英国发音人的水平。

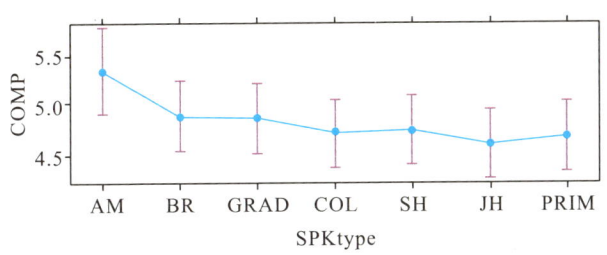

**图 4-1　在不区分听话人类型的情况下各层次的中国学习者表达真诚的差异**

注：纵轴 COMP 为真诚的理解度，范围为 1-7 分。1 分代表非常不真诚，7 分代表非常真诚，4 分代表中性。横轴 SPKtype 为发音人类型：AM，美国；BR，英国；GRAD，英语专业研究生；COL，非英语专业本科生；SH，高中生；JH，初中生；PRIM，小学 5-6 年级学生。

表4-1 本族语者和不同层次的中国学习者表达真诚的差异

| 发音人类型 | estimate | SE | z. ratio | p. value |
| --- | --- | --- | --- | --- |
| 美国-英国 | 0.089 | 0.04 | 2.24 | 0.025* |
| 美国-英专研究生 | 0.096 | 0.04 | 2.52 | 0.012* |
| 美国-非英专本科 | 0.125 | 0.04 | 3.34 | 0.001** |
| 美国-高中 | 0.117 | 0.04 | 3.11 | 0.002* |
| 美国-初中 | 0.145 | 0.04 | 3.87 | <0.0001*** |
| 美国-小学 | 0.127 | 0.04 | 3.36 | 0.001*** |
| 英国-英专研究生 | 0.007 | 0.03 | 0.25 | 0.802 |
| 英国-非英专本科 | 0.036 | 0.03 | 1.36 | 0.173 |
| 英国-高中 | 0.029 | 0.03 | 1.06 | 0.288 |
| 英国-初中 | 0.056 | 0.03 | 2.11 | 0.035* |
| 英国-小学 | 0.039 | 0.03 | 1.42 | 0.156 |
| 英专研究生-非英专本科 | 0.029 | 0.02 | 1.22 | 0.222 |
| 英专研究生-高中 | 0.022 | 0.02 | 0.89 | 0.373 |
| 英专研究生-初中 | 0.049 | 0.02 | 2.04 | 0.041* |
| 英专研究生-小学 | 0.032 | 0.02 | 1.28 | 0.20 |
| 非英专本科-高中 | -0.008 | 0.02 | -0.32 | 0.747 |
| 非英专本科-初中 | 0.02 | 0.02 | 0.84 | 0.401 |
| 非英专本科-小学 | 0.002 | 0.02 | 0.1 | 0.921 |
| 高中-初中 | 0.027 | 0.02 | 1.15 | 0.249 |
| 高中-小学 | 0.01 | 0.02 | 0.41 | 0.681 |
| 初中-小学 | -0.017 | 0.02 | -0.71 | 0.476 |

图 4-2 反映了各圈听话人和中国学生听话人对三类听话人真诚度的感知。第三条曲线（误差线为标准误）是中国学习者（CN）的真诚度，总体上分值都在 4 分（中性）以上，说明内圈（本族语者）、外圈（英语为官方语言）、扩展圈（英语为外语）的听话人都能感受到中国学习者表达的真诚。而且，发音人类型 SPKtype 与听话人类型 RTYPE 的交互效应不显著（$\chi^2(6)=4.083$, $p=0.666$），说明不同类型的发音人的真诚度之间的差别不会因听话人类型的不同有显著差异。

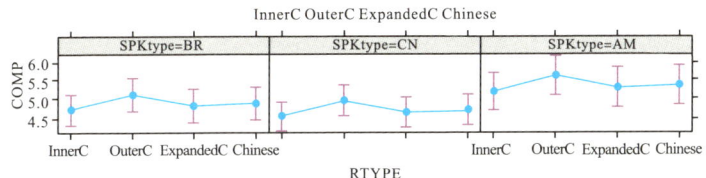

**图 4-2　各类型听话人感知的本族语者和中国学习者表达真诚的差异**

注：纵轴 COMP 为真诚理解度，范围为 1-7 分。1 分代表非常不真诚，7 分代表非常真诚，4 分代表中性。横轴为听话人类型：InnerC，内圈；OuterC，外圈；ExpandedC，扩展圈；Chinese，中国学生。

尽管总体上模型预测中国学习者已经具备接近英国本族语一样表达真诚致谢、祝愿、致歉的能力，但是在本实验中，中国学习者意欲表达非常真诚的句子中，实际被感知为中性或不真诚的占 13.6%；本族语者也有 4.6% 的句子被感知为中性或不真诚。中国学习者意欲表达非常不真诚的句子中，近一半（44.2%）的句子被实际感知为中性或真诚，本族语者也有 28.1% 被感知为中性或不真诚。这说明表达真诚与不真诚并不简单。

另外，我们尚不知道中国学习者表达真诚的方式是否与韵律有关，是否与本族语者相同。因此，我们有必要进一步对本族语发音人和中国学习者表达真诚的韵律手段进行分析。

## 4.3 中国学生表达真诚的韵律特征及其可理解度

### 4.3.1 中国学生韵律参数对表达真诚作用的描述性统计分析

在统计前,为避免错误的数据影响结果,我们用 R 语言先对数据进行清理。第一,排除含错误基频数据的句子。我们对基频跨度(调域)大于 600 Hz 的句子用 Praat 打开后进行人工检查,发现基频有误,则排除该句数据。这部分句子占 2%。第二,计算每个句子真诚度的平均分(不区分听话人类型),然后排除平均分为 4 分的句子,这部分句子占 33.6%。因为这些句子为中性,其声学数据不能有效代表真诚或不真诚。最后,剩下的句子为原来的 60.1%。

表 4-2 为本族语发音人的数据。可以看出在致谢、祝愿、致歉三种情态中,真诚的平均基频和基频跨度(调域)都比不真诚高。其中,诚挚致谢的平均基频比非诚挚致谢高 60.9 Hz,调域高 72.9 Hz。真诚致歉比非真诚致歉的平均基频高 32.1 Hz,调域高 43.1 Hz;诚挚祝愿比非诚挚祝愿的平均基频高 38.7 Hz,调域高 48.7 Hz。但真诚与不真诚的音强数据和时长数据没有表现出类似音高的一致性规律,即真诚的平均音强和音强跨度并不一定比不真诚高;同样,真诚的句子时长也并不一定比不真诚长。

表4-2 本族语者真诚与不真诚的音高（HZ）、音强（dB）、时长数据（ms）

| 实验句 | 情态 | 基频均值 | sd | 基频起伏 | sd | 音强均值 | sd | 音强起伏 | sd |
|---|---|---|---|---|---|---|---|---|---|
| 致谢 | 不真诚 | 176.9 | 56.4 | 123.9 | 89.6 | 68.9 | 6.9 | 35.7 | 9.6 |
| | 真诚 | 237.8 | 77.5 | 196.8 | 101.2 | 69.8 | 7.3 | 36.1 | 10 |
| 祝愿 | 不真诚 | 193 | 61.5 | 93.9 | 65.2 | 70 | 6.7 | 34.5 | 7.1 |
| | 真诚 | 231.7 | 70.6 | 142.6 | 88.3 | 70.2 | 6.9 | 35.7 | 6.4 |
| 致歉 | 不真诚 | 141.9 | 41.3 | 76.7 | 45.6 | 65.9 | 4.6 | 27 | 6.6 |
| | 真诚 | 174 | 53.7 | 119.8 | 71.9 | 68.8 | 4.7 | 33.3 | 7.5 |

表4-3为中国学习者的一组数据。在音高表现方面，中国学习者与本族语者类似，即真诚的平均音高和调域比不真诚高，但是比本族语者略低。中国学习者诚挚致谢的平均基频比非诚挚致谢高51.8 Hz，调域高65.1 Hz。真诚致歉比非真诚致歉的平均基频高25.8 Hz，调域高27.8 Hz；诚挚祝愿比非诚挚祝愿的平均基频高34.5 Hz，调域高47.6 Hz。在音强方面，与本族语发音人略有不同。中国学习者真诚比不真诚的平均音强和音强跨度都略高一些。但差值不大，最大的音强跨度差值1.1，最小0.1。音长方面，与本族语者一样，真诚与不真诚的时长差无一致性规律。

表4-3 中国学习者真诚与不真诚的音高（HZ）、音强（dB）、时长数据（ms）

| 实验句 | 情态 | 基频均值 | sd | 基频起伏 | sd | 音强均值 | sd | 音强起伏 | sd |
|---|---|---|---|---|---|---|---|---|---|
| 致谢 | 不真诚 | 221.5 | 60 | 153.6 | 118.2 | 68.4 | 4.5 | 34.2 | 7.4 |
| | 真诚 | 273.3 | 71.2 | 218.7 | 126 | 71.1 | 4.5 | 37.3 | 8.2 |
| 祝愿 | 不真诚 | 213.9 | 56.8 | 131.6 | 102.5 | 68.6 | 4 | 38.1 | 6.7 |
| | 真诚 | 248.4 | 58.5 | 179.2 | 116 | 69.9 | 3.6 | 39.8 | 6.5 |
| 致歉 | 不真诚 | 227.5 | 68.6 | 148 | 119.5 | 68.9 | 3.5 | 31.6 | 8.4 |
| | 真诚 | 253.3 | 65.5 | 175.8 | 127.6 | 69.9 | 3.6 | 33.8 | 8.1 |

### 4.3.2 韵律对表达真诚作用的混合效应模型分析

以上描述性的分析表明，本研究的发音人意欲用音高表达自己真诚或不真诚的态度。这种用韵律传达态度意义的手段能否成功地获得听话人的理解，需要进一步用回归模型作推断统计。下面用 R 语言 lme4 包的 glmer 函数构建混合效应的泊松回归模型，拟合真诚与不真诚的理解度数据。音高的参数包括基频最大值、基频最小值、基频均值、基频跨度。音强的参数也包括音强最大值、音强最小值、音强均值、音强跨度。首先对以上参数作 Pearson 相关分析，结果显示，基频均值与基频最小值、基频最大值高度相关，相关系数分别为 0.87 和 0.73；音强均值与音强最小值、音强最大值高度相关，相关系数分别为 0.51 和 0.87。基频跨度与基频最大值高度相关（$r=0.93$）；音强跨度与音强最小值高度呈负相关（$r=-0.84$）。因此，仅选择基频均值、音强均值、基频跨度、音强跨度为韵律参数的代表。基频均值和基频跨度呈弱相关（$r=0.47$），音强均值和基频跨度不相关（$r=-0.03$）。虽然，基频均值和基频跨度仍然有一定的相关性，但由于仅基频均值一项很难代表音高的变化，我们仍然先将二者都放入模型，最后再通过 vif 函数检验膨胀方差因子，看二者是否具有多重共线性。

首先以最大化原则建立模型，然后逐一减少变量，通过 anova 函数作模型间的似然率比较，获得主效应，并选择最优模型。共线性检查结果显示，模型中的基频均值和基频跨度不存在共线性问题。对美国发音人数据（data = AM）拟合的最优模型结构如下：

fit. AM < -glmer( COMP ~ GENDER + int_span + ITEM $^*$ f0_mean + ITEM $^*$ duration +( 1 | SPK) +( 1 | RATER), data

= AM, family = poisson)

对英国发音人数据（data = BR）拟合的最优模型结构如下：

fit. BR < -glmer( COMP ~ GENDER * int_mean + ITEM * f0 _mean + ITEM * duration + duration * f0_mean + f0_mean * f0 _span + duration * f0_span + ITEM * f0_span + ( 1 | SPK) + ( 1 | RATER), data = BR, family = poisson)

对中国学习者发音人数据（data = CN）拟合的最优模型结构如下：

fit. CN < -glmer( COMP ~ GENDER * f0_mean + ITEM * int _span + f0_mean * int_mean + ITEM * f0_mean + ITEM * int _mean + ITEM * duration + GENDER * duration + f0_mean * ITEM + GENDER * f0_span + f0_mean * f0_span + ITEM * f0 _span + ( 1 | SPK) + ( 1 | RATER), data = CN, family = poisson)

以上三个模型中，自变量为真诚与不真诚的理解度（COMP）、固定效应是以下变量之间的交互：性别（GENDER）、时长（duration）、基频均值（f0_mean）、基频跨度（f0_span）、音强均值（int_mean）、音强跨度（int_span）。随机效应分别是发音人（SPK）、实验句（ITEM）和评分员（RATER）。在这些变量的交互中，仅 anova 似然率比较显示有显著交互效应的才放在模型中。具体交互的情况下文有专门的解释。随后，分别拟合美国发音人、英国发音人和中国学习者三套数据，分音高、音强、时长三部分，汇报韵律对表达真诚的作用。

4.3.2.1 音阶对表达真诚的作用

第一，在本族语发音人表达的致歉、致谢和祝愿中，基频均值对真诚度有显著的主效应（$\chi^2$（7） = 188.09，$p < 0.0001$）。图 4 - 3 的三幅图中，横轴的基频均值（f0_mean）与纵轴可理解

度(COMP)之间均为正向的线性关系,说明基频均值越大,真诚度越高。不同的是,三幅图中直线的斜率不同,致谢中的斜率最大,祝愿的第二,致歉最小,说明音阶对真诚的作用在致谢中最大,在致歉中最小。

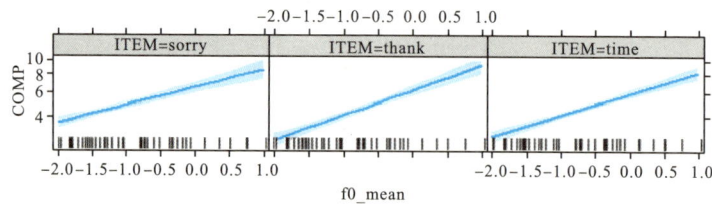

**图 4-3 美国发音人的音高均值在不同实验句中对真诚的作用**

注:横轴为基频均值(f0_mean),刻度代表基频的标准化单位,每个单位代表 236 Hz;纵轴为可理解度(COMP),最小值 1 代表不可能理解,最大值 9 代表非常容易理解。左边第一幅图为致歉的实验句(ITEM = sorry,即 I'm so sorry),中间为致谢的实验句(ITEM = thank,即 Oh, thank you),右边为祝愿的实验句(ITEM = time,即 Have a nice time)。阴影代表 95% 的置信区间。

模型预测在基频跨度、音强均值、音强跨度、时长为各自的均值时的条件下,标准化的基频均值每提高 1 个单位(236 Hz),美国发音人表达致谢的真诚度会提高 49.3%($\beta = 0.401$, $z = 10.187$, $p < 0.0001$);表达祝愿的真诚度会提高 41.2%($\beta = 0.345$, $z = 11.707$, $p < 0.0001$);表达致歉的真诚度会提高 32.7%($\beta = 0.283$, $z = 7.810$, $p < 0.0001$)。95% 的美国发音人在表达真诚时都有音高均值的提升,平均增量为 62 Hz。若以这个平均增量计算,这些发音人通过整体音高提升 62 Hz,致谢、祝愿、致歉的真诚度分别提高了 13.0%、10.8%、8.6%。美国发音人的性别与基频均值无显著的交互效应(Chiq(1) = 0.0145, $p = 0.904$),即不论是男性还是女性,音高均值对真诚的贡献都

一样。

英国发音人的性别与基频均值无显著的交互作用（$\chi^2(1)=0.3336, p=0.564$），也就是说不论男性还是女性，音高均值对真诚的作用都一样。在基频跨度、音强均值、音强跨度、时长为各自的均值时的条件下，标准化的基频均值每提高1个单位（285 Hz），英国发音人表达致谢的真诚度会提高17.2%（$\beta=0.158$，$z=6.125$，$p<0.0001$）；表达致歉的真诚度会提高13.9%（$\beta=0.130$，$z=4.407$，$p<0.0001$）；表达祝愿的真诚度会提高11.1%（$\beta=0.106$，$z=4.684$，$p<0.0001$）。73%的英国发音人在表达真诚时都有音高均值的提升，平均增量为69 Hz。若以这个平均增量计算，这些发音人通过整体音高提升69 Hz，致谢、祝愿、致歉的真诚度分别提高了4.2%、3.4%、2.7%。

图4-4反映了英国发音人的音高均值在不同实验句中对真诚的作用。三幅图中，横轴的基频均值（f0_mean）与纵轴可理解度（COMP）之间均为正向的线性关系，说明基频均值越大，真诚度越高。不同的是，三幅图中直线的斜率不同，致谢中的斜率最大，祝愿的第二，致歉最小，说明音阶对真诚的作用在致谢中最大，在祝愿中最小。

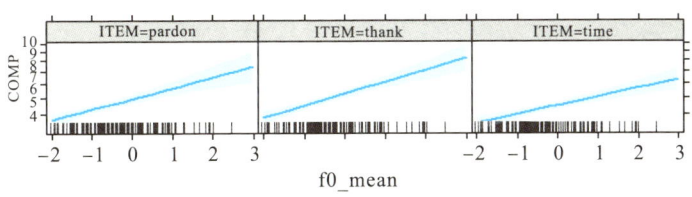

**图4-4 英国发音人的音高均值在不同实验句中对真诚的作用**

注：横轴为基频均值（f0_mean），刻度代表基频的标准化单位，每个单位代表236Hz；纵轴为真诚意义的理解度，最小值1代表非常不真诚，最大值7代表非常真诚。左边第一幅图为致歉的实验句

(ITEM = sorry，即 I'm so sorry)，中间为致谢的实验句（ITEM = thank，即 Oh，thank you)，右边为祝愿的实验句（ITEM = time，即 Have a nice time)。阴影代表95%的置信区间。

从比较音高均值对英国发音人和美国发音人表达真诚的作用可以看出，音高均值在美国发音人表达真诚时的作用远远比英国发音人更大。例如，如果都按音高均值增加 100 Hz 计算，美国发音人表达致谢的真诚度可提高 20.9%，但英国发音人只能提高 6.0%。音高均值在表达致谢时对美国发音人的作用是英国发音人的 3.5 倍。这说明美国发音人在表达真诚时，对音高手段的依赖高于英国发音人。

后面的分析会发现，音高是美国发音人最主要的韵律手段。比较上面拟合美国发音人数据的模型 fit.AM，拟合英国发音人数据的模型 fit.BR，拟合中国发音人数据的模型 fit.CN 后，也可以发现：在 fit.AM 中的变量明显少于 fit.BR 和 fit.CN 中的变量。美国发音人的模型中变量较少，因此音高均值能解释的方差更多。

第二，在中国学习者表达的致歉、致谢和祝愿中，基频均值对真诚度也有显著的主效应（$\chi^2(6) = 253.52$，$p < 0.0001$）。

例如，中国女性发音人在表达致谢时，在基频跨度、音强均值、音强跨度、时长为各自的均值的情况下，标准化的基频均值每提高 1 个单位（285 Hz)，模型预测致谢的真诚度会提高 13.8%（$\beta = 0.129$，$z = 13.14$，$p < 0.0001$）。相当于基频均值每提高 100 Hz，真诚度会提高约 4.8%。这与英国发音人 6.0% 的提高度相比，差距不大；但是与美国发音人 20.9% 的提高度相比，基频均值在中国学习者话语中的作用要小许多。这说明中国学习者表达真诚并不是特别依赖音高均值。下面以致歉表达为例进行说明。

图 4-5 为本族语女性发音人 A 表达真诚和不真诚致歉的基

频曲线。前后两句的真诚度为 5.3 VS 3.8，差值为 1.5；基频均值为 271 Hz VS 187 Hz，差值为 84 Hz；总时长为 1260 ms VS 1277 ms，差值 -17 ms。可见，该发音人主要使用提升整体音高来表达真诚。

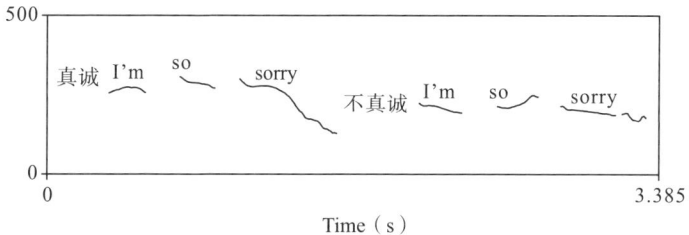

**图 4-5 本族语发音人 A 表达真诚和不真诚致歉的基频曲线（女）**

注：横轴表示时间，单位为秒（s）。纵轴表示音高，单位为 Hz。图中曲线为基频。前后两句的真诚度为 5.3 VS 3.8（$MD=1.5$），基频均值为 271 Hz VS 187 Hz（$MD=84$ Hz），总时长为 1260 ms VS 1277 ms（$MD=-17$ ms）。

图 4-6 是中国学习者女性发音人 B 真诚和不真诚致歉的基频曲线。前后两句的真诚度为 6.1 VS 3.6，差值为 2.5；基频均值为 419 Hz VS 391 Hz，差值为 28 Hz，总时长为 1088 ms VS 833 ms，差值为 255 ms。可以看出，中国发音人 A 使用提升整体音高的方式来表达真诚，用加快语速的方式表达不真诚（语速对真诚度的作用将在后面详细论述）。经比较发现，中国发音人 B 与本族语发音人 A 表达真诚的音高模式较为相似，但中国发音人 B 表达真诚的整体音高均值（419 Hz）比本族语发音人 A（271 Hz）高 1.5 倍左右。由于模型预测的音高均值对真诚度有显著作用，中国发音人的前句的真诚度（6.1）比本族语发音（5.3）高 27% 就不足为奇了。

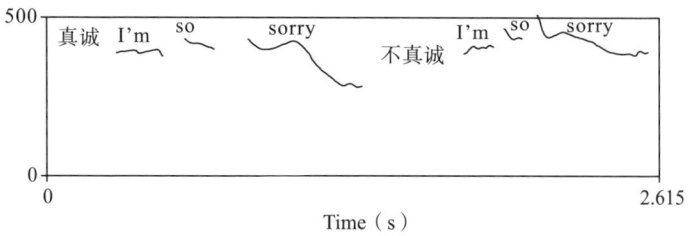

**图 4-6 中国发音人 B 表达真诚和不真诚致歉的基频曲线（女）**

注：横轴表示时间，单位为秒（s）。纵轴表示音高，单位为 Hz。图中曲线为基频。前后两句的真诚度为 419 Hz VS 391 Hz（$MD=28$ Hz），6.1 VS 3.6（$MD=2.5$），时长 1088 ms VS 833 ms（$MD=255$ ms）

需注意的是，中国学习者主要是通过加快语速来表达不真诚，而把音高均值仍然维持在高位（391 Hz）。这个音高虽比本族语发音人 A 表达真诚的音高均值（271 Hz）还高 120 Hz，但表达出的仍是不真诚的态度，而且不真诚的程度（3.6）比本族语发音人 A（3.8）还低 6.7%。可以说，音高均值在中国学习者 B 表达不真诚的句子中几乎丧失了对真诚的影响力。而这种音高均值很高，通过加快语速来表达不真诚的例子还很多。由此，模型预测中国学习者的音高均值对真诚度的影响度更小，可能是中国学习者这种特殊的韵律表达手段所致的结果。

中国学习者基频均值与性别存在交互效应。男性基频均值对真诚的贡献度比女性略小（$\beta=-0.041$，$z=-2.97$，$p=0.003$）。这有可能是中国男性学生用了其他方法表达真诚，抑制了音高的作用。但没有发现他们比女性更加依赖时长和音高。

第三，与英国发音人和美国发音人一样，中国学习者的基频均值在不同的实验句中对真诚的作用有所不同。对中国女性发音人而言，在单句音高跨度、音强均值和跨度、时长都为各自样本总体均值时，音高均值每增加 1 个标准化单位（308 Hz），其表达真诚致谢的作用比真诚致歉小 3.4%（$\beta=-0.034$，

$z = -3.771$,$p = 0.0002$)。这比本族语发音人的 12.3% 小许多。男性的情况也完全一样（$\beta = -0.034$, $z = -3.771$, $p = 0.0002$）。图 4-7 反映了中国发音人的音高均值在各实验句中的作用。三幅图中，横轴的基频均值（f0_mean）与纵轴可理解度（COMP）之间均为正向的线性关系，说明基频均值越大，真诚度越高。不同的是，三幅图中直线的斜率不同，致谢中的斜率最大，祝愿的第二，致歉最小，说明音阶对真诚的作用在致谢中最大，在致歉中最小。以上结果说明，对美国发音人和中国发音人而言，在表达真诚的致歉时，不需要过度提升音高。因为真诚的歉意也可以用很低的音高来表达。

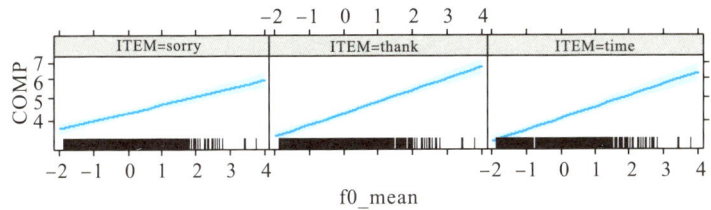

图 4-7 中国发音人的音高均值在不同实验句中的作用

注：横轴为标准化基频均值（f0_mean），每变化 1 个单位，基频均值变化 308Hz。纵轴为真诚意义的理解度，1-7 分。1 分表示非常不真诚，7 分表示非常真诚，4 分表示中性。ITEM 表示实验句。sorry 代表 I am so sorry；pardon 代表 I do beg your pardon（英国发音人）；thank 代表 Oh, thank you；time 代表 Have a nice time。图中斜线的阴影代表 95% 的置信区间。

图 4-8 中本族语发音人 C 为男性，其真诚与不真诚的音高均值为 143 Hz VS 114 Hz，真诚的音高均值仅比不真诚高 29 Hz，但是真诚度为 5.9 VS 3.8，相差 2.1（35%）。

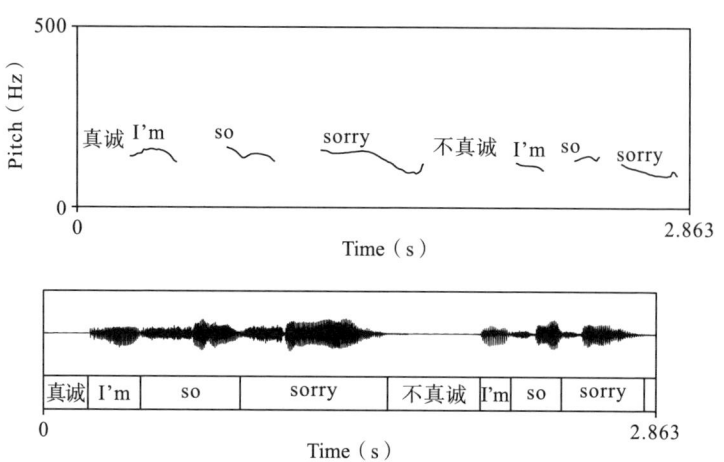

**图 4-8 本族语发音人 C 表达真诚和不真诚致歉的基频曲线（男）**

注：上下两幅图的横轴都表示时间，单位为秒（s）。上图的纵轴表示音高，单位为 Hz，图中曲线为基频。下图纵轴表示振幅，最大值为 1。黑色部分代表声波。声波下面的竖线为单词分界。前后两句的真诚度为 5.9 VS 3.8（MD = 2.1），音高均值为 143 Hz VS 114 Hz（MD = 29 Hz），时长为 1498 ms VS 798 ms（700 ms），音强均值 70 dB VS 68 dB（MD = 2 dB）。

图 4-9 中的中国发音人 D 也是男性，其韵律表现与本族语发音人非常相似，前后两句的音高均值为 136 Hz VS 118 Hz，真诚的音高均值仅比不真诚高 18 Hz，但是真诚度为 5.9 VS 3.2，相差 2.7（45%）。这里，本族语发音人 C 表达真诚的音高均值比本研究中所有本族语男性发音人表达真诚的均值（157 Hz，SD = 35 Hz）仅低 9%。中国发音人 D 表达真诚的音高均值比本研究中所有中国男性发音人表达真诚的均值（203 Hz，SD = 62 Hz）低 33%。

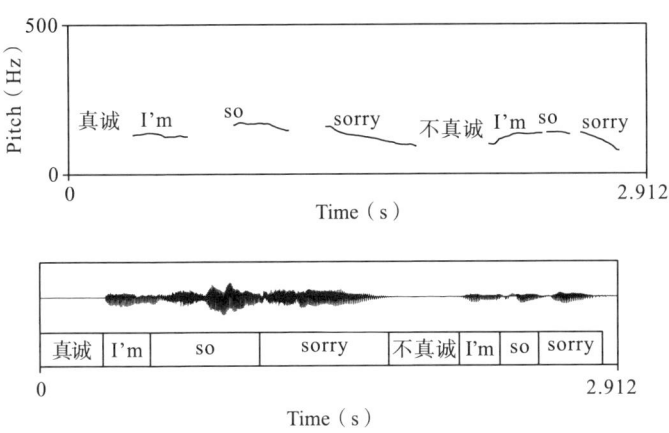

**图4-9 中国发音人D表达真诚和不真诚致歉的基频曲线（男）**

注：上下两幅图的横轴都表示时间，单位为秒（s）。上图的纵轴表示音高，单位为Hz，图中曲线为基频。下图纵轴表示振幅，最大值为1。黑色部分代表声波。声波下面的竖线为单词分界。前后两句的真诚度为5.9 VS 3.2（$MD=2.7$），音高均值为136 Hz VS 118 Hz（$MD=18$ Hz），时长为1450 ms VS 745 ms（$MD=705$ ms），70 dB VS 63.5 dB（$MD=6.5$ dB）。

那么，为什么真诚与不真诚的音高相差微小，但真诚度相差如此大呢？听话人是如何准确感知说话人的态度的呢？观察时长和音强参数可以发现，本族语发音人C真诚与不真诚的时长为1498 ms VS 798 ms，相差700 ms，近两倍。真诚与不真诚的音强均值为70 dB VS 68 dB，差值为2 dB，表明真诚的音量比不真诚略大（3%）。说明本族语发音人C主要通过时长突显来表达自己真诚的态度，通过加快语速来来表达不真诚。关于时长对真诚度的作用在下文会有详细说明。中国发音人D真诚与不真诚的时长为1450 ms VS 745 ms，相差705 ms；音强为70 dB VS 63.5 dB，相差6.5 dB，即不真诚的音量比真诚降低了9.3%。可以在图中明显看到，不真诚句的声波总体上比真诚句声波小许多。由此可知，中国发音人 D 也是主要通过时长突显来表达真诚，通过加快语速表达不真诚。此外，中国发音人 D 不真诚的程度比本族语发音人 C 低近 16%，有可能是中国发音人 D 的音量比本族语发音人 C 低 6.6% 所致。关于音量对真诚度的作用会在下文详细论述。

但本研究的发音人中将平均音高压低，通过增加时长来表达真诚致歉的中国学习者的比例，比本族语者明显少。如，平均音高在 200 Hz 以下、真诚度大于 4.5 的中国发音人仅占 9.4%，而本族语者为 22.8%。

第四，美国发音人的基频均值和音强均值无显著的交互效应（$\chi^2(2) = 1.193$，$p = 0.551$），英国发音人也是如此（$\chi^2(1) = 0.758$，$p = 0.384$）。这说明音高均值和音强均值各自对真诚度起作用。但中国学习者发音人的基频均值和音强均值存在显著的交互效应（$\chi^2(1) = 12.14$，$p = 0.0005$）。图 4-10 中的 5 幅图中，当标准化音强均值（int_mean）为 -3 时，基频均值（f0_mean）与真诚理解度（COMP）构成的斜线斜率最大（左边第一幅）。越往右，斜线斜率越小。在最右边的图中，标准化音强均值（int_mean）为 2 时，斜率最小。这说明随着音强均值的增大，基频均值对真诚度的贡献逐渐下降。这可能说明听话人在判断中国学习者态度真诚与否时，音强均值和音高均值对真诚的作用有一定的互补性。当说话人声音较小时，听话人对真诚度的感知主要靠音高。但当声音较大时，音量对提高真诚度已有一定的贡献，因此对音高的依赖有一定的下降。

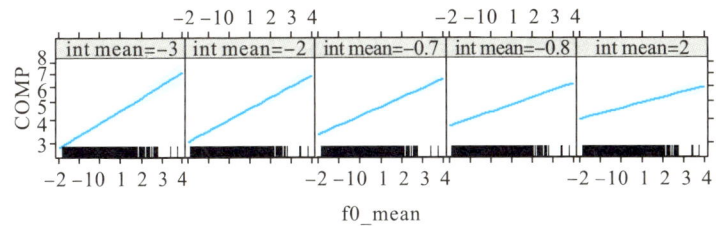

图 4-10　中国学习者音高均值和音强均值的交互效应

注：横轴为标准化基频均值（f0_mean），每变化 1 个单位，基频均值变化 308 Hz。纵轴为真诚意义的理解度，1-7 分。1 分表示非常不真诚，7 分表示非常真诚，4 分表示中性。int_mean 表示标准化的音强均值，每变化 1 个单位，代表音强均值改变 44.5 dB。图中斜线的阴影代表 95% 的置信区间。

4.3.2.2　音高突显对表达真诚的作用

基频均值对真诚度的效应只能反映整体音阶的高低对真诚度的影响。还需要分析音高起伏的作用。音高起伏可以在基频跨度上得到反映。音高起伏对真诚的作用比较复杂。发音人类型不同，音高起伏的表现也不同。

在美国发音人的话语中，不论是在致歉、致谢还是祝愿时，都没有发现音高起伏对真诚有显著的作用（$\chi^2(3) = 1.571$，$p = 0.666$）。这说明美国发音人没有依赖音高起伏表达真诚。而英国发音人则不同。如图 4-11 所示，音高起伏在致谢和祝愿中对真诚有正面作用，但在致歉中有反作用。模型预测，英国发音人表达祝愿时，在音高均值、音强均值、音强跨度、时长都为各自样本总体均值的条件下，音高跨度每增加 1 个标准化单位（285 Hz），表达祝愿的真诚度可提高 10% 左右（$\beta = 0.097$，$z = 3.83$，$p = 0.0001$）。相当于音高起伏每增加 100 Hz，祝愿的真诚度可提高约 3%。这比音高均值的作用（每 100 Hz 提高 3.5%）略低。在致谢中，音高起伏对真诚度只有边缘性显著的作用（$\beta=0.048$，$z=1.681$，$p=0.093$）。音高起伏在不同性别的英国发音人中没有显著差异（$\chi^2(1)=1.451$，$p=0.228$）。

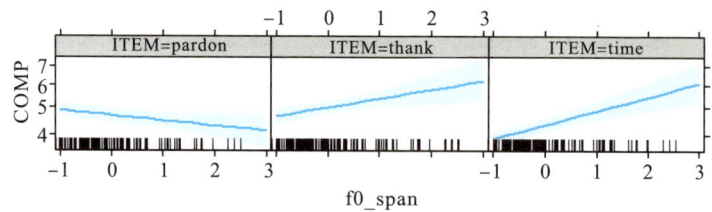

**图 4-11 英国发音人的音高起伏在不同实验句中对真诚的作用**

注：横轴为基频跨度（f0_span），刻度代表基频跨度的标准化单位，每个单位代表 285 Hz；纵轴为真诚意义的理解度，最小值 1 代表非常不真诚，最大值 7 代表非常真诚。左边第一幅图为致歉的实验句（ITEM = pardon，即 I do beg your pardon），中间为致谢的实验句（ITEM = thank，即 Oh, thank you），右边为祝愿的实验句（ITEM = time，即 Have a nice time）。阴影代表 95% 的置信区间。

音高起伏对中国发音人的作用与英国发音人类似，也是在不同的实验句中，作用不同（见图 4-12）。相同的是，在表达祝愿时的作用最大，其次是致谢。但是不同的是，中国发音人的性别与音高起伏有交互作用（$\chi^2(1)=4.4527$，$p=0.035$），音高起伏对中国男性发音人表达真诚的作用显著低于女性。在句子基频均值、音强均值、音强跨度为各自的样本总体均值的情况下，中国女性音高起伏度每增加 1 个标准化音高起伏单位（285 Hz），表达祝愿的真诚度可提高 4.4%（$\beta=0.043$，$z=5.392$，$p<0.0001$）；表达致谢的真诚度可提高 3.7%（$\beta=0.037$，$z=4.862$，$p<0.0001$；表达致歉的真诚度仅可提高 1.5%（$\beta=0.015$，$z=2.018$，$p=0.044$）。中国男性音高起伏度每增加 1 个标准化音高起伏单位（285 Hz），表达祝愿的真诚度可提高 2.5%（$\beta=0.025$，$z=2.776$，$p=0.006$）；表达致谢的真诚度可提高 1.8%

（$\beta=0.018$，$z=2.421$，$p=0.015$）；对表达致歉的真诚度无显著作用（$\beta=-0.004$，$z=-0.453$，$p=0.651$）。

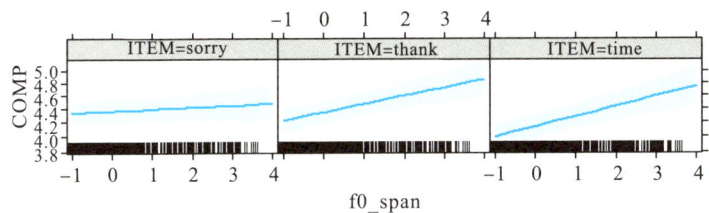

**图4－12　中国发音人的音高起伏在不同实验句中对真诚的作用**

注：横轴为基频跨度（f0_span），刻度代表基频跨度的标准化单位，每个单位代表285 Hz；纵轴为真诚意义的理解度，最小值1代表非常不真诚，最大值7代表非常真诚。左边第一幅图为致歉的实验句（ITEM = pardon，即I do beg your pardon），中间为致谢的实验句（ITEM = thank，即Oh, thank you），右边为祝愿的实验句（ITEM = time，即Have a nice time）。阴影代表95%的置信区间。

对比音高起伏对英国发音人的作用，音高起伏对中国发音人的作用小许多。即使在作用最大的祝愿中，音高起伏度增加100 Hz，中国真诚度也只能提高1.5%，只有英国发音人的音高起伏作用的一半。说明中国发音人对音高起伏的依赖比英国发音人小。下面我们以两位发音人表达祝愿的例句，看看音高起伏是如何起作用的。

图4－13和图4－14是两位女性美国发音人表达祝愿"Have a nice time!"的音高表现。图4－11中前句的真诚度为6.0，后句的真诚度为3.2，差值为2.8（46.7%）。图4－12中前句的真诚度为5.6，后句的真诚度为3.6，差值为2（33.3%）。

对比两幅图中真诚与不真诚的句子可以发现，两位发音人都通过提高句子整体音阶来表达真诚。发音人E真诚与不真诚句的音高均值分别是322 Hz和227 Hz，音高差值为95 Hz。发音人

F真诚与不真诚句的音高均值分别是307 Hz和176 Hz,音高差值为137 Hz。两位发音人真诚祝愿的音高均值均高于本族语发音人的平均音高均值（$M=282$ Hz, $SD=57$ Hz）。可见,较高的音高均值是两位发音人能够表达出真诚意义的原因之一,但不应该是唯一的原因。因为发音人E的音高均值差（95 Hz）比发音人F的音高均值差（131 Hz）低许多,而发音人E的真诚与不真诚差值（2.8）却比发音人F的真诚与不真诚差值（2）高许多。这说明,导致发音人E的真诚度更高还有别的因素。仔细比较两位发音人的基频曲线,会发现发音人E表达真诚的基频曲线在"time"一词上音高幅度有非常明显的提高,全句的音高起伏度为162 Hz,而不真诚句的音高起伏度仅70 Hz,起伏度差值为92 Hz。相比之下,发音人F真诚句的起伏度不大（70 Hz）,甚至比不真诚句的起伏度（87 Hz）还低17 Hz。由此,可以推测发音人E较大的音高起伏度可能是导致其真诚的绝对值和真诚与不真诚的差值都比发音人F高的原因之一。

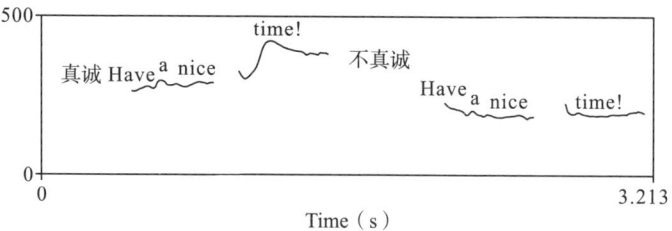

**图4-13 美国发音人E表达真诚与不真诚祝愿的基频曲线（女）**

注：横轴表示时间,单位为秒（s）。纵轴表示音高,单位为Hz。图中曲线为基频。前后两句的真诚度为6.0 VS 3.2,音高均值为322 Hz VS 227 Hz,音高跨度为162 Hz VS 70 Hz。

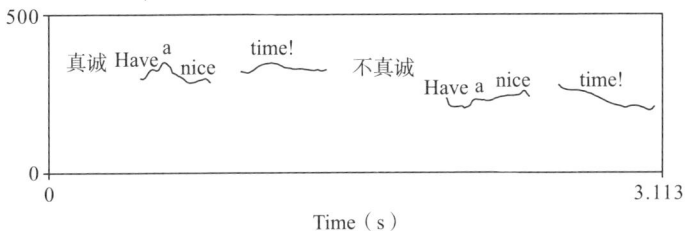

图4-14 美国发音人F表达真诚与不真诚祝愿的基频曲线（女）

注：横轴表示时间，单位为秒。纵轴表示音高，单位为Hz。图中曲线为基频。前后两句的真诚度为5.6 VS 3.6，音高均值为307 Hz VS 176 Hz，音高跨度为70 Hz VS 87 Hz。

对比两位发音人的不真诚句，其结果也比较有趣。发音人E的不真诚句基频均值为227 Hz，比发音人F的不真诚句的基频均值（176 Hz）高56 Hz。如果只考虑音高均值对真诚度的作用，发音人E的不真诚句的真诚度应该比发音人F更高。但可能音高起伏改变了这一结果。因为发音人F的音高起伏度（87 Hz）比发音人E（70 Hz）高17 Hz（24.3%），可能使发音人F的真诚度得到提高。这样，发音人F后句的真诚度（3.6）比发音人E的后句（3.2）高6.7%，就可以得到合理的解释。以上分析与模型预测的结论比较一致。

与基频均值对真诚的作用进行比较，不论是对英国发音人还是中国发音人，音高起伏的作用都小得多。例如，中国女性发音人在表达致谢时，基频均值每增加100 Hz，真诚度提高4.5%；而音高起伏每增加100 Hz，真诚度仅提高1.3%。研究发音人的语音样本，我们发现音高起伏的作用比较复杂。发音人并不都是利用音高起伏表达真诚，一些英国发音人利用音高起伏表达讽刺，达到不真诚的目的。这样，自然会降低模型中音高起伏对真诚的正面作用。

图4-15 本族语男性发音人G在表达祝愿"Have a nice

time"时,故意通过音高起伏形成音高突显,形成三个音高重音(have,nice,time),使这个短短的句子以这三个词为调核形成三个调群。而该句真诚的典型音高表现是图4-15中的前一句。全句就一个调群,调核是"time"。真诚的含义通过提高句子的整体音高实现。这种韵律形式与真诚的表达形成鲜明的对比。根据关联理论(Sperber & Wilson,1986),在祝愿的语境中,听话人会下意识推测出说话人这种阴阳怪气的语调的言外之意可能是讽刺,因而判断说话人并非真诚祝愿。尽管可能有讽刺意味,但该句的真诚度得分均值为3.7分,仅比中性(4分)低0.3分,说明讽刺的意味还不是很重。当然,造成该句讽刺意味的原因可能还与时长有关,这将在以下部分进行论述。

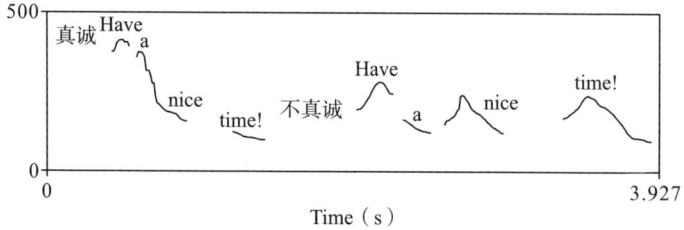

**图4-15 本族语发音人G表达真诚与不真诚祝愿的基频曲线(男)**

注:横轴表示时间,单位为秒(s)。纵轴表示音高,单位为Hz。图中曲线为基频。前后两句的真诚度为4.9 VS 3.7,音高均值为272 Hz VS 181 Hz,音高跨度为317 Hz VS 182 Hz。

对比图4-15本族发音人G与前面美国发音人E、F的真诚度,可以进一步发现音高起伏对真诚度作用的局限。发音人G真诚句的音高起伏度为317 Hz,比发音人E(162 Hz)高近2倍,比发音人F(70 Hz)高4倍多。如果音高起伏的作用很大,那么发音人G的真诚度应该比E和F高。但实际上,发音人G的真诚度仅为4.9,而E为6.0,F为5.6。这很可能是音高均值制约的结果。G的音高跨度虽然大,但只有"have"和"a"两词音高很高，句中承载表达真诚信息最多的实词"nice"和"time"的音高很低，一方面导致句子的音高均值只有 272 Hz，比 F 低 35 Hz，比 E 低 50 Hz。由于音高均值对真诚度的贡献远比音高起伏大，所以最终 E 的真诚度比 F 和 G 低。

以上个例和模型预测结果表明，就对真诚的贡献而言，整体音高起主要作用，音高起伏起次要作用。而且，音高起伏的作用比较复杂，在一些特殊的用法（如讽刺）中，甚至对真诚度起反作用。同时，音高对真诚度的作用可能还与话语中承载语义信息的词汇有关。因为，不同的词汇承载的信息量不同，如在本句中"nice"和"time"对真诚的语义信息远大于"have"和"a"。如发音人 E 正好在焦点词"time"上加大音高起伏度，形成强烈的音高突显，就可以有效地发挥音高起伏的作用。而发音人 G 的音高起伏如果能突显在"time"上，真诚表达的效果可能会不一样。

如前所述，音高起伏在表达歉意中的作用与表达致谢和祝愿不同。据模型预测：音高起伏对英国发音人表达致歉时起微弱的反作用（$\beta = -0.053$，$z = -2.195$，$p = 0.028$）；对中国女性发音人而言，音高起伏在表达歉意时有微弱的作用，对中国男性发音人无作用。下面以图 4-16 和图 4-17 中的发音人为例进行说明。

图 4-16 是中国学习者发音人 H 用音高起伏方式表达真诚致歉失败的例子。前句的音高跨度为 277 Hz，起伏度是后句（83 Hz）的 3.3 倍。但前句的真诚度仅 4.1，接近中性。而后句的真诚度反而高 6.7%。发音人 H 的后句本意欲表达不真诚，实际却被感知为真诚（4.5）。这里，发生音高起伏的位置在焦点词"sorry"上并没有什么不当。但显然在这里没有对表达真诚起到太多作用。后句的真诚度提高，有可能与时长的作用相关。因为后句的时长为 1594 ms，比前句的 1202 ms 增加了 24.6%。

发音人 H 是小学六年级学生，他显然不知道时长突显在实际表达致歉时有提高真诚度的作用。

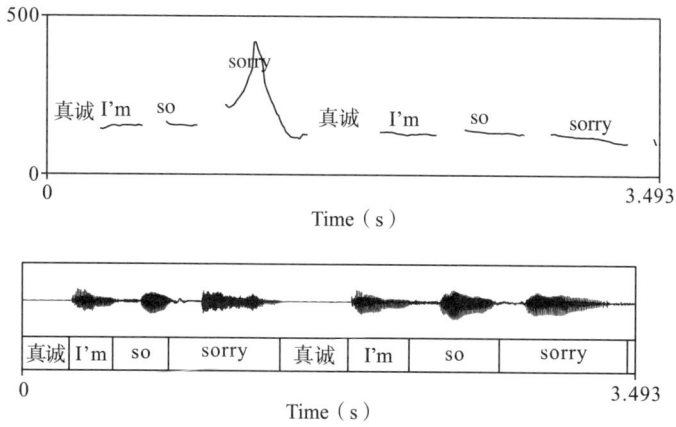

图 4-16 中国学习者发音人 H 表达真诚与不真诚致歉的基频曲线（男）

注：横轴表示时间，单位为秒（s）。上图纵轴表示音高，单位为 Hz。图中曲线为基频。前后两句的真诚度为 4.1 VS 4.5。发音人后句本意欲表达不真诚，但结果被听话人感知为真诚。前后两句的音高均值为 194 Hz VS 125 Hz，音高跨度为 277 Hz VS 83 Hz，时长为 1202 ms VS 1594 ms。

图 4-17 的中国学习者女性发音人 J 为英语专业研究生，对音高起伏的运用类似一些英国男性本族语发音人。她成功地用非正常的音高起伏表达出讽刺，传达出自己不真诚的态度。前句的音高均值为 241 Hz，比后句的 320 Hz 低 24.7%。显然，前句很高的真诚度 6.3 并非主要由音高均值贡献的。前文分析表明，在表达真诚致歉时，不需要太高的音高。前句的音高跨度为 138 Hz，后句为 257 Hz，很难知道音高跨度是否对真诚有贡献。前句的高真诚度很可能来自时长突显。因为前句的时长为 1800 ms，比本族者表达真诚致歉的平均时长 1266 ms 多 29.7%，是后句 860 ms 的两倍多。有趣的是后句音高起伏的作用。后句音高起伏高达

320 Hz，而且除了在焦点词"sorry"上突显之外，还在"I'm"上有异常的高起伏。这样的语调与正常的致歉形成鲜明的对比。加上语速在听感上有一定的加快，比中国学习者表达不真诚的平均语速每秒3.2词快8.6%。因此，在致歉的语境中，这种异于正常致歉的韵律表现会让听话人怀疑说话人的真正意图不是致歉，而是具有讽刺色彩。具有讽刺色彩的致歉当然就是不真诚的了。

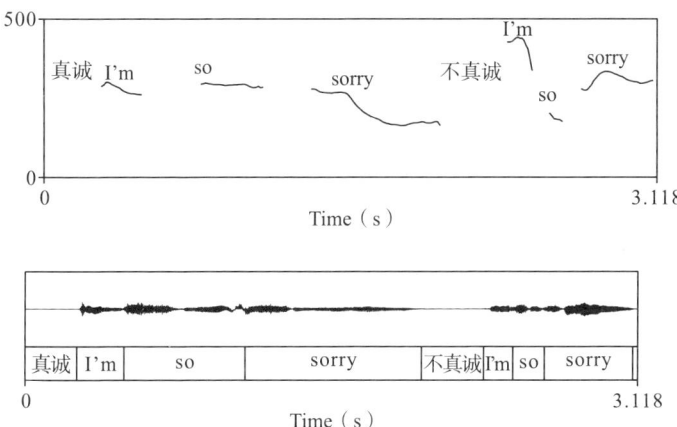

图4-17 中国学习者发音人J表达真诚与不真诚致歉的基频曲线（女）

注：前后两句的真诚度为6.3 VS 3.4，音高均值为241 Hz VS 320 Hz，音高跨度为138 Hz VS 257 Hz，时长为1800 ms VS 860 ms。

综合音高均值和音高起伏在表达真诚时的作用，可以总结为音高对真诚的作用主要靠整体音阶的提升实现。而音高起伏则较为复杂。总体上，美国发音人基本不用音高起伏表达真诚。英国发音人和中国发音人仅在表达致谢和祝愿时用到音高起伏，但作用远小于整体音阶，有时甚至起反作用。而在表达致歉时，音高起伏对英国发音人有微弱的反作用，对中国女性发音人有微弱的正面作用，对中国男性发音人无作用。

### 4.3.2.3 音量水平对表达真诚的作用

对美国发音人而言,音强均值无显著的主效应($\chi^2(1) = 0.0006$, $p = 0.980$)。但音强对英国男性发音人在表达致谢和祝愿时有显著正面作用,但对表达致歉的作用不显著($\beta = -0.015$, $z = -1.566$, $p = 0.117$)。在音高均值、音高跨度、音强跨度、时长为各自样本总体均值时,音强均值每提高1个标准化单位(74dB),英国男性发音人表达致谢和祝愿的真诚度可提高3.8%($\beta = 0.037$, $z = 2.119$, $p = 0.034$)。对英国女性发音人而言,音强均值对致歉、致谢和祝愿都没有显著的作用($p > 0.05$)。

对中国学生发音人而言,在基频均值、音强跨度、时长为各自均值的情况下,标准化的音强均值每提高1个单位(74 dB),无论男性还是女性,表达致谢的真诚度会提高5.5%($\beta = 0.053$, $z = 8.233$, $p < 0.0001$),表达祝愿的真诚度会提高2.6%($\beta = 0.025$, $z = 3.163$, $p = 0.002$),表达致歉的真诚度会提高2.3%($\beta = 0.023$, $z = 2.811$, $p = 0.005$)(见图4–18)。

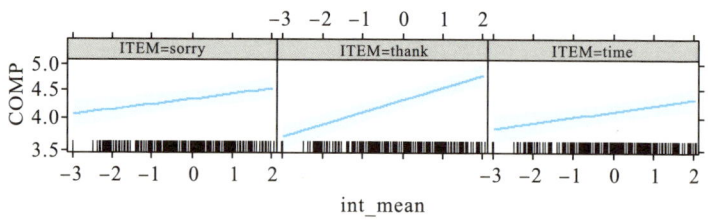

**图 4–18  中国学习者实验句和音强均值的交互效应**

注:横轴为标准化基频均值(int_mean),单位为 dB,每变化1个单位,基频均值变化 74 dB。纵轴为真诚的理解度,1–7分。1分表示非常不真,7分表示非常真诚,4分表示中性。左边第一幅图为致歉的实验句(ITEM = sorry,即 I am so sorry),中间为致谢的实验句(ITEM = thank,即 Oh, thank you),右边为祝愿的实验句(ITEM =

time，即 Have a nice time）。图中斜线的阴影代表95%的置信区间。

但要提高74 dB 几乎不可能。在所有被试中，69%的句子真诚的音量比不真诚大，其音量平均提高度仅4.5±3.2 dB，音量最高的提高度也仅12 dB。因此，若以5 dB 为增量单位，中国发音人表达致谢的真诚度仅提高0.37%。可见，音强均值的实际作用甚微。

尽管音强均值对真诚的作用较小，但在真诚的表达中，大部分句子都自然伴随音量的增加。统计方法是计算同一发音人意欲表达真诚与不真诚句的音量比。音量比大于0表示用高声表达真诚，音量比小于等于0表示用低声表达真诚。选择用高声表达致谢和祝愿的，美国发音人占86%，中国发音人占75%，而英国发音人则只有55%。

下面两个是用高声表达真诚致谢、低声表达不真诚致谢的典型例子。图4-19美国男性发音人K的真诚度为6.3 VS 2.7，差值高达3.6，这个跨度占了1-7分量表的60%。是本研究中所有发音人中实现真诚与不真诚差值最大的例子。实现这样大的反差，应该与发音人综合运用了多个韵律手段有关。前后句音高均值为213 Hz VS 87 Hz，真诚的音高均值是不真诚的2.4倍；前后句音高跨度为231 Hz VS 31 Hz，真诚的音高跨度是不真诚的7.5倍；前后句音强均值为77 dB VS 65 dB，差值高达12 dB。音强跨度为35 dB VS 27 dB（8 dB）；真诚句的最高振幅为0.73，是不真诚句最高振幅的3.5倍，因此听感上音量差距非常大。只有时长差距不是很大，为1190 ms VS 709 ms，真诚仍然比不真诚增加了68%（$MD=480$ ms）。

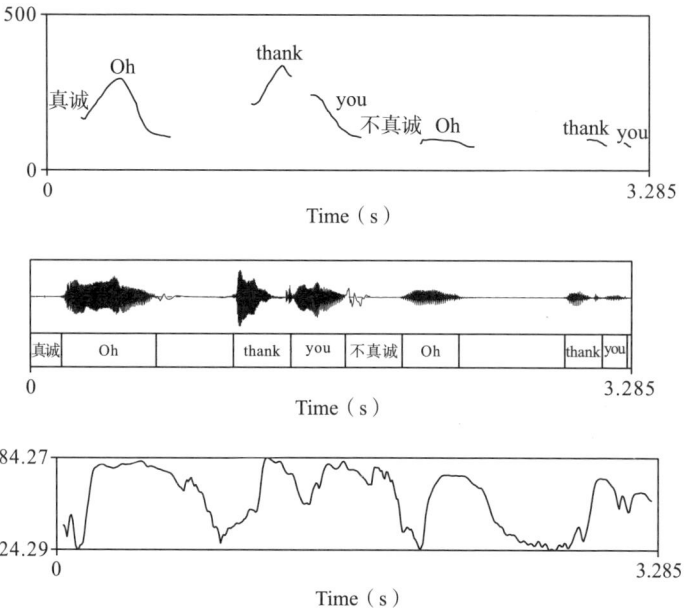

**图 4 - 19　美国发音人 K 表达真诚与不真诚致谢的基频曲线（男）**

注：真诚度为 6.3 VS 2.7（$MD = 3.6$），音高均值为 213 Hz VS 87 Hz（$MD = 126$ Hz），音高跨度为 231 Hz VS 31 Hz（200 Hz），音强均值为 77 dB VS 65 dB（12 dB），音强跨度为 35 dB VS 27 dB（8 dB），最高振幅为 0.73 VS 0.21（$MD = 0.52$），时长为 1190 ms VS 709 ms（$MD = 480$ ms）。上图为基频曲线，反映音高走势；中图为声波，反映振幅高低；下图为音强曲线，反映音量大小。

图 4 - 20 中的中国男性发音人 L 的情况与上面美国男性发音人 K 类似。真诚度为 6.0 VS 3.2，差值为 2.8，跨度占 1 - 7 分两极量表的 47%，比美国发音人 K 的 60% 略低（$MD = 151$ Hz）。这个提高度比美国发音人 K（2.5 倍）低很多。中国发音人 L 前后句的音高跨度为 355 Hz VS 102 Hz，真诚的音高跨度相对于不真诚提高了 2.5 倍（$MD = 253$ Hz），这也比美国发音人 K（7.5 倍）低很多。中国发音人 L 前后句时长为 1389 ms VS 1029 ms，

真诚比不真诚增加了 26%（$MD = 360$ ms），这也比美国发音人 K 的 68% 低。

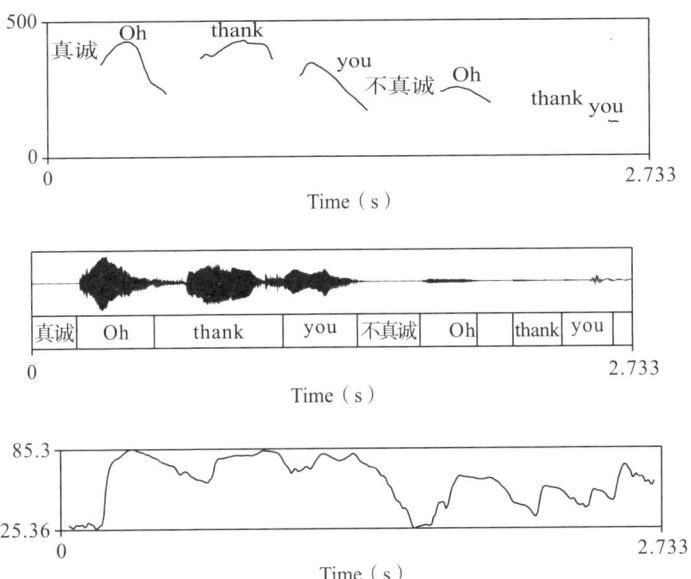

图4-20 中国发音人 L 表达真诚与不真诚致谢的基频曲线（男）

注：真诚度为 6.0 VS 3.2（$MD = 2.8$），音高均值为 358 Hz VS 207 Hz（$MD = 151$ Hz），音高跨度为 355 Hz VS 102 Hz（$MD = 253$ Hz），音强均值为 78 dB VS 58 dB（$MD = 20$ dB），音强跨度为 59 dB VS 41 dB（$MD = 18$ dB），最高振幅 0.83 VS 0.07（$MD = 0.76$），时长为 1389 ms VS 1029 ms（$MD = 360$ ms）。上图为基频曲线，反映音高走势；中图为声波，反映振幅；下图为音强曲线，反映音量大小。

只有在音强指标上，中国发音人 L 比美国发音人 K 高。中国发音人 L 前后句音强均值为 78 dB VS 58 dB，差值达 20 dB，是本研究所有发音人中差值第二高的样本（最高为 24 dB）。而美国发音人 K 前后句的音强均值差仅 12 dB。相应地，中国发音人 L 前后句的音强跨度为 59 dB VS 41 dB，差值高达 18 dB，也比美国发音人的 8 dB 更高。中国发音人 L 前后句的最高振幅为 0.83 VS 0.07（$MD=0.76$），真诚的最高振幅是不真诚的 11.8 倍，美国发音人 K 仅为 3.5 倍。从波形图上清晰可见，不真诚句的声音极小，听感上音量非常微弱，会让听话人觉得说话人是因为很不情愿表达谢意才故意说得如此小声。通过比较中国发音人 L 和美国发音人 K 的各项韵律指标可以看出，虽然中国发音人 L 在音量各指标上已经竭尽全力提升或降低真诚度，但是达到的效果仍然比美国发音人 K 低 13%。这也在一定程度上反映了音量的作用有限。

此外，表达真诚并不一定需要提高音量。表达真诚致谢与不真诚的句子相比，没有伴随音量增加的实例，英国发音人中也有高达 58% 的句子实现了真诚度的提升；美国发音人全部实现了真诚度的提升；中国发音人中有 14% 实现了真诚度的提升。表达真诚祝愿时，与不真诚的句子相比，没有伴随音量增加的句子，绝大部分都实现了真诚度的提升。其中，英国发音人有 80%，美国发音人 100%，中国发音人 97%。表达真诚致歉时，与不真诚的句子相比，没有伴随音量增加的句子，也是绝大部分都实现了真诚度的提升。其中，英国发音人有 71%，中国发音人 91%，美国发音人所有的句子都伴随音量增加。这些没有伴随音量增加但实现了真诚度提升的句子，都有其他的韵律或非韵律手段来提升真诚度。

例如，图 4-21 中的中国发音人 H 的后句，整体上波形振幅比前句大，最下面的音强曲线显示的音强均值比前句高 6 dB。听感上，后句的音量比前句大一些。但后句成功地表达出了不真诚（真诚度 3.0），前句略真诚。后句的音高均值（221 Hz）并不比前句低（219 Hz），实际上还比前句略高（3 Hz）。因此，并不是压低音高导致的不真诚。仔细听该句可以发现，该句的嗓音有让人不舒服的感觉。用许毅（Xu, 2013）的 Praat 脚本程序 ProsodyPro

提取前后两句听感上嗓音差异最大的"nice"一词中元音的嗓音音质参数 H1－H2，即第一谐波和第二谐波的振幅差。真诚与不真诚的 H1－H2 为 －3.8 dB VS 4.1 dB，差异非常大。后句的 H1－H2 为 4.1 dB，反映后句"nice"发音时声门故意收紧的状态。在表达祝愿时本应放开声门以传递真诚，紧喉的嗓音会让人感觉祝愿并非情愿，似乎不情愿吐出良好祝愿词"nice"。尼布尔（Niebuhr，2014）的研究结论是德语的讽刺表达中发音紧喉嗓音和气嗓音是两种典型的讽刺嗓音。这里的紧喉嗓音与这种讽刺紧喉嗓音有相似之处。虽然这里用紧喉方式说"nice"感觉还没有达到讽刺的程度，但是足以让人感到说话人言不由衷，不真诚。

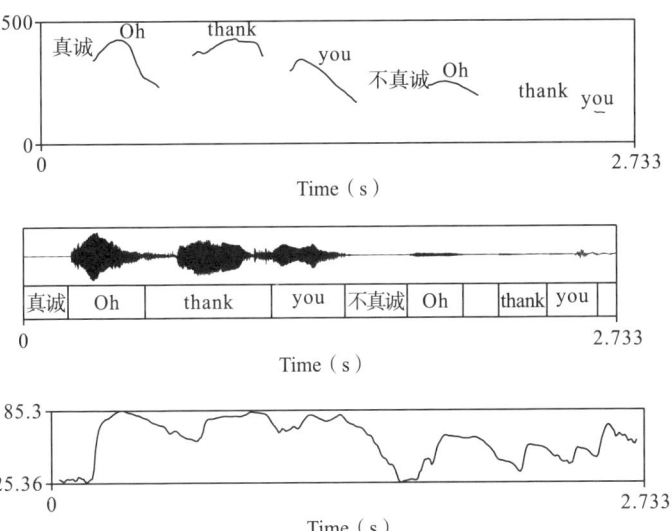

图 4－21　中国发音人 H 表达真诚与不真诚祝愿的基频曲线

注：前后两句的真诚度为 4.4 VS 3.0（*MD* = 1.4 dB），音高均值为 219 Hz VS 221 Hz（*MD* = －2 Hz），音高跨度为 184 Hz VS 83 Hz（101 Hz），时长为 1140 ms VS 1295 ms（*MD* = －155 ms），音强为 59 dB VS 65 dB（*MD* = －6 dB），音强跨度 49 dB VS 44 dB（5 dB），H1－H2 为 －3.8 dB VS 4.1 dB。

再看真诚的表达方式。前句的音高起伏为 184 Hz，比后句 (83 Hz) 高两倍多 (101 Hz)。而且，音高突显的地方是实词"nice"。虽然正确的调核应该在"time"上，但在实词"nice"上的音高突显仍然使句子从中性 4 分提高到了 4.4 分，相当于提高了 6.7%，再次验证了音高突显对表达真诚的作用。需要说明的是，模型预测音高起伏的作用是音高起伏每提高 100 Hz，真诚度会提高 3%（$SD=0.9\%$）。这并不能说明模型预测不准确。因为模型预测是对中国学生总体而言，而且是在其他声学参数都等于均值的条件下。具体个案和总体预测有一定的差异，实属正常。

对比音强在致谢、祝愿和致歉中的作用，我们发现致歉受音强的影响最小。真诚的致歉既可以在高音量下实现，也可以在低音量下实现，但所有美国发音人和大部分中国发音人（68%）选择了高声致歉。选择低声致歉的大部分是英国人，他们的句子中有 64% 是低声致歉。英国发音人低声致歉中，成功表达出真诚的有 71%。中国发音人低声致歉中，成功表达出真诚的有 91%。可见，中国学生很善于用低声表达真诚致歉。通过分析具体的例子，我们发现中国学生和英国发音人一样，都是使用紧喉嗓音表达真诚致歉的。下面就高声致歉和低声致歉分别举例。

在前文讨论整体音高对表达真诚的作用时用到了高声致歉的两个例子：图 4-8 本族语男性发音人 C 和图 4-9 中国男性发音人 D 就是两个典型代表。本族语发音人 C 真诚句和不真诚句的音强均值为 70 dB VS 68 dB，真诚比不真诚音量略大，但是相差不多（$MD=2$ dB）。图 4-9 中国发音人 D 的真诚句的音量（70 dB）比不真诚句的音量（63.5 dB）大许多（$MD=6.5$ dB）。这也可以从图中的黑色波形中得到反映。前文提到，本族语发音人 C 和中国发音人 D 各自前后两个音高均值差与时长均值差都差不多，但是中国发音人的不真诚程度却比本族语发音人 C 高 16%（中国发音人比本族语发音人低 0.6），很明显与中国发音人 D 的平均音量比本族语发音人 C 低 6.5 dB 有很大关系。

低声致歉可以实现，但是一般都要借助紧喉嗓音的作用。如图 4-22 中，英国发音人 M 前后两句的真诚度为 4.9 VS 4.0，差值为 0.9 dB。前句真诚，后句仅表现为中性；前后句音强为 55 dB VS 61 dB，后句音量比前句大 6 dB。前后句的音强跨度为 61 dB VS 43 dB，后句比前句高 18 dB。前后句的音高均值为 217 Hz VS 198 Hz，两者差异不大（$MD = 18$ Hz）；但前后句的音高跨度差异达到 91 Hz，主要体现在后句"do"一词的音高突显。"do"在本句中是正常致谢的焦点词，也是调核。通过突显该词，可以传递真诚致歉之意。可能这个原因使得后句被感知为中性，并没有实现发音人表达非常不真诚的意图。

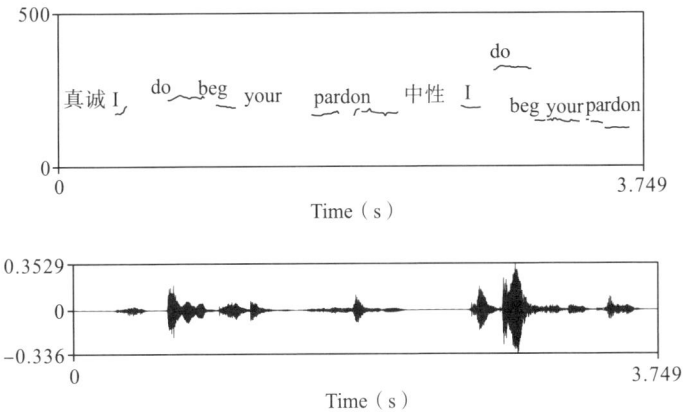

**图 4-22 英国发音人 M 表达真诚与不真诚致歉的基频曲线（女）**

注：前后两句的真诚度为 4.9 VS 4.0（$MD = 0.9$ dB），音高均值为 217 Hz VS 198 Hz（$MD = 18$ Hz），音高跨度为 298 Hz VS 207 Hz（91 Hz），时长为 1855 ms VS 1073 ms（$MD = 782$ ms），音强为 55 dB VS 61 dB（$MD = -6$ dB），音强跨度 61 dB VS 43 dB（18 dB），基频微扰（jitter）为 5.0% VS 0.4%，振幅微扰（shimmer）为 15.0% VS 3.0%。

前句的真诚可能由两个参数作用产生。一是时长突显。前句总时长（1855 ms）是后句的 1.7 倍，焦点词"pardon"在前句中的时长为 704 ms，是后句"pardon"时长（331 ms）的两倍多，使得"pardon"在前句总得到很好的突显，对表达真诚有一定作用（具体作用在后面会有模型预测数据的支持）。二是嗓音参数。用许毅（Xu，2013）的 Praat 脚本程序 ProsodyPro 提取英国发音人 M 前后句在"I""do""beg""your""pardon"5 个词重读音节元音的基频微扰（jitter）和振幅微扰（shimmer）。结果表明，前句基频微扰高达 5.0%，是后句（0.4%）的 12.5 倍；前句的振幅微扰高达 15.0%，是后句（3.0%）的 5 倍。基频微扰和振幅微扰均很高，正是沙哑嗓音的体现（黄昭鸣、万萍，2008）。嗓音参数反映的结果与听感吻合。这种沙哑的嗓音让人有说话人因为做错了事情，通过压抑自己的声音来表达自己真诚的道歉感觉。由此可见，时长突显和沙哑嗓音很可能就是前句被感知为真诚的原因。但它们的作用有限，真诚度只在中性的基础上提高了 15%。

图 4-23 中的中国男性发音人 N 也借助沙哑嗓音实现了低声致歉。前、后句的真诚度分别为 4.4 VS 2.7，差值为 1.7；从前后句的音强均值（63 dB VS 68 dB，$MD=-5$）、音强跨度（37 dB VS 21 dB，$MD=16$ dB）、波形都可以看出不真诚的音量比真诚大。在音高上，前后差异不大（基频均值为 244 Hz VS 201 Hz），真诚句仅比不真诚句高 33 Hz；基频跨度为 90 Hz VS 100 Hz，$MD=-10$ Hz），后句的音高跨度反而比前句高 10 Hz。但这 10 Hz 是由后句的最低基频值比前句低 10 Hz 所致，后句并没有出现音高突显，因此，意义不大。那么，能够对前、后句真诚度产生影响的因素就只有时长和嗓音了。与前句（1399 ms）相比，后句的时长（808 ms）缩短了 42%，即后句的语速比前句快 42%。语速加快最多的地方在核心词"so sorry"上。听感上，说话人把"I'm"两词说得理直气壮，但把"so sorry"说得

很快。这种语速的加快可能会让听话人觉得说话人不情愿把道歉的话说得很清楚，从而产生不真诚的感觉。语速或时长对真诚的影响在后面有回归模型的预测结果予以证明。前句的嗓音与英国发音人 M 类似，听感上有低沉、沙哑的感觉。前后的基频微扰为 2.1% VS 1.2%（*MD* = 9%），振幅微扰为 13.8% VS 5.9%（*MD* = 7.9%），因此，可以产生真诚致歉的效果。但与英国发音人 M 相比，真诚句的基频微扰程度低 2.9%，振幅微扰低 1.2%。由此，英国发音人 M 前句的真诚度（4.9）比中国发音人 N 的真诚度（4.4）高 8% 就不难理解了。

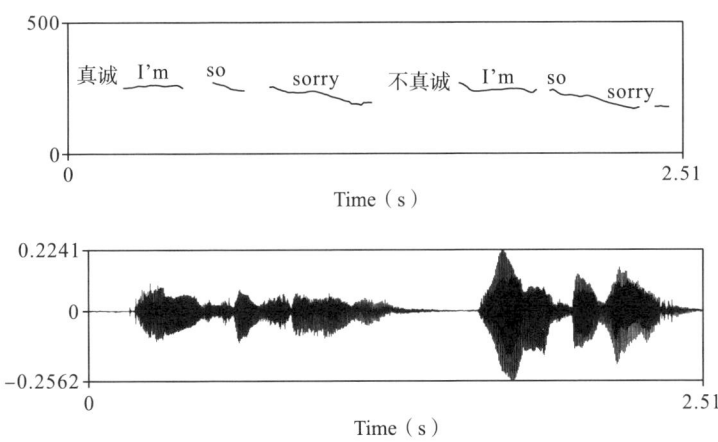

图 4 - 23　中国发音人 N 表达真诚与不真诚致歉的基频曲线（男）

注：前后句的真诚度为 4.4 VS 2.7（*MD* = 1.7），时长为 1399 ms VS 808 ms（*MD* = 591 ms），基频均值为 244 Hz VS 201 Hz（*MD* = 33 Hz），基频跨度为 90 Hz VS 100 Hz（*MD* = -10），音强均值为 63 dB VS 68 dB（*MD* = -5），音强跨度 37 dB VS 21 dB（*MD* = 16 dB），基频微扰为 2.1% VS 1.2%（*MD* = 9%），振幅微扰为 13.8% VS 5.9%（*MD* = 7.9%）。

#### 4.3.2.4　音强突显对表达真诚的作用

在美国发音人话语中，音强突显对真诚有一定作用，但是只是边缘性显著。当其他韵律参数在控制条件下（音高均值为 236 Hz，时长为 1109 ms），音量起伏每增加 1 个标准化单位（44.5 dB），致歉、致谢或祝愿的真诚度可以提高 3.1%（$\beta=0.031$，$z=1.684$，$p=0.092$）。由于音强突显与实验句无显著的交互效应（$\chi^2(2)=0.298$，$p=0.862$），与性别也无显著的交互效应（$\chi^2(1)=1.156$，$p=0.282$），以上效应在不同的实验句和不同性别中都一样。约 71% 的美国发音人在表达真诚时，伴随音强突显的增加，平均增量为 7.5 dB。若以此增量计算，这些美国发音人因音强突显增加，真诚度仅提高了 0.5%。在英国发音人话语中，音强突显对真诚没有显著的主效应（$\chi^2(1)=0.739$，$p=0.390$）。

中国发音人的情况则不同，音强跨度与实验句对真诚度有显著的交互效应（$\chi^2(3)=14.086$，$p=0.003$），说明在不同的实验句中，音强突显的作用不同。音强突显只在表达致歉时对真诚度起反作用。在音高均值、音高跨度、时长、音强均值都等于各自样本总体的均值时，音强跨度每提高 1 个标准化单位（44.5 dB），真诚度会降低 2%（$\beta=-0.021$，$z=-3.10$，$p=0.002$）；遗憾的是，大部分中国发音人（70%）在表达真诚致歉时都伴随音强起伏的增加，平均增量为 7.6 dB。不过，这个增量仅会降低 0.3% 的真诚度。中国发音人在表达致谢时，音强突显对真诚度无显著作用（$\beta=0.001$，$z=1.524$，$p=0.128$）；在表达祝愿时，音强突显对真诚度也无显著作用（$\beta=0.005$，$z=0.638$，$p=0.523$）。音强突显与性别无显著交互作用（$\chi^2(1)=0.327$，$p=0.568$），因此以上效应在男性和女性的话语中结果都是一样的。

以上结果表明，音强突显对本族语发音人表达真诚的作用不大。中国发音人在表达致歉时，误用了音强突显，导致真诚度降低。但庆幸的是，对真诚度的影响不是很大（平均降低0.3%）。

图4-24中的中国女性发音人P表达的致歉是一个因音强突显导致真诚度降低的典型例子。图中两句话都被感知为真诚，后句本应传达不真诚之意，但却被感知为真诚，且真诚度为4.8。前句本应表达为非常真诚，但真诚度却下降至4.4。前后句的音高均值比为313 Hz VS 269 Hz，前句比后句略高44 Hz；音高跨度比为187 Hz VS 151 HZ，前句也比后句略高（MD = 36 Hz），前句的时长910 ms也比后句880 ms略高（MD = 30 ms）。音高均值、音高跨度、时长三个参数对真诚都是起正面作用的（时长在表达致歉时对真诚的正面作用在后面有详细论述）。按理，前句的真诚度应该比后句高才对。那么，为什么前句的真诚度比后句低呢？原因很可能与音强跨度的反作用有关。前句在"so"上产生了音量突显，听感上让人有理直气壮的意味。可能正是这个原因降低了这句话的真诚度。

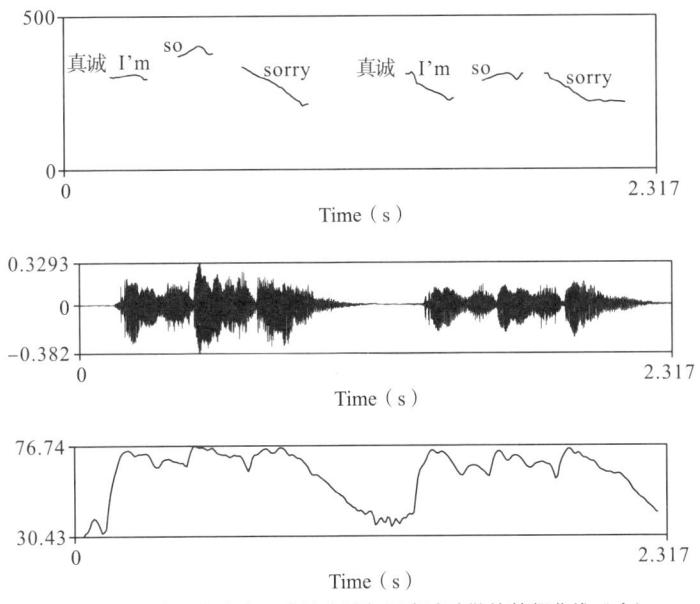

图4-24　中国发音人P表达真诚与不真诚致歉的基频曲线（女）

注：前后句的真诚度为 4.4 VS 4.8（$MD = -0.4$），音高均值为 313 Hz VS 269 Hz（$MD = 44$ Hz），音高跨度为 187 Hz VS 151 Hz（$MD = 36$ Hz），时长为 910 ms VS 880 ms（$MD = 30$ ms），音强均值为 72 dB VS 69 dB（2 dB），音强跨度为 40 dB VS 37 dB（$MD = 3$ dB）。

#### 4.3.2.5 时长对表达真诚的作用

时长对表达真诚的作用比较复杂，在不同类型的发音人中有不同的表现。在美国发音人话语中（见图 4-25），时长只在表达致歉时才对真诚度有正面作用。在音高均值、音强跨度为各自样本总体的均值时，句子时长每增加 1 个标准化单位（1367 ms），致歉的真诚度可提高 13.8%（$\beta = 0.129$，$z = 5.153$，$p < 0.0001$）。美国发音人有 57% 的句子运用了增加时长的手段表达真诚致歉，平均增量为 460 ms。若以这个平均增量为单位计算，这 57% 的美国发音人因时长的增加，表达致歉的平均真诚度提高了 4.6%。在美国发音人的致谢表达中，时长对真诚度有一点点反作用，但是并不显著（$\beta = -0.039$，$z = -1.011$，$p = 0.312$）。在其祝愿表达中，时长对真诚度有一点点正面作用，但是也不显著（$\beta = 0.024$，$z = 0.808$，$p = 0.419$）。以上情况在男性发音人和女性发音人中结果都一样，因为性别与时长无显著的交互作用（$\chi^2(1) = 0.156$，$p = 0.693$）。

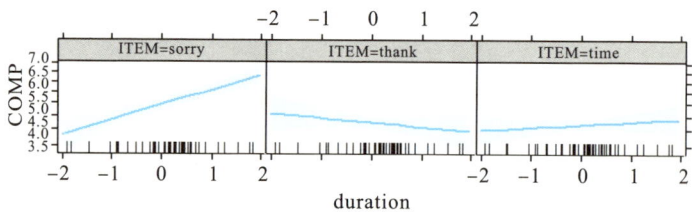

图 4-25 美国发音人时长在不同实验句中对真诚的作用

注：横轴为标准化时长（duration），每变化 1 个单位，时长变化 1367 ms。纵轴为真诚的理解度，1-7 分。1 分表示非常不真诚，7 分

表示非常真诚，4分表示中性。左边第一幅图为致歉的实验句（ITEM =sorry，即I am so sorry），中间为致谢的实验句（ITEM = thank，即Oh，thank you），右边为祝愿的实验句（ITEM = time，即Have a nice time）。图中斜线的阴影代表95%的置信区间。

在英国发音人话语中，时长的作用也因实验句的不同而有很大不同（见图4-26）。但是与美国发音人不同的是，英国发音人在表达致谢时，借助了时长手段。在音高均值、音高跨度、音强均值都为各自样本总体的均值时，句子时长为每增加1个标准化单位（1462 ms），真诚度可以提高约4.6%（$\beta = 0.045$，$z = 2.586, p = 0.01$）。英国发音人中有35.7%的句子运用了增加时长的手段表达真诚致谢，平均增量为180 ms。若以这个平均增量为单位计算，这35.7%的美国发音人因时长的增加，表达致谢的真诚度仅提高了0.57%。可见，尽管英国发音人在表达真诚致谢时运用了时长手段，但是对时长手段的依赖非常小。在英国发音人表达致歉时，时长对真诚有一点正面作用，但不显著（$\beta = 0.023$，$z = 1.185$，$p = 0.236$）。在表达祝愿时，时长在英国发音人话语中对真诚有一点反作用，但也不显著（$\beta = -0.026$，$z = -1.413, p = 0.158$）。英国发音人的性别与时长无显著的交互作用（$\chi^2(1) = 0.853$，$p = 0.356$），因此，以上效应在两种性别中结果都一样。

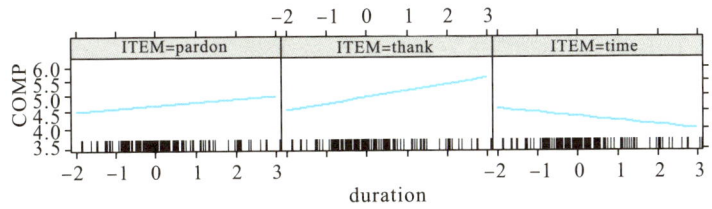

图4-26 英国发音人时长在不同实验句中对真诚的作用

注：横轴为标准化时长，每变化1个单位，时长变化1367 ms。纵轴

为真诚的理解度,1-7分。1分表示非常不真诚,7分表示非常真诚,4分表示中性。左边第一幅图为致歉的实验句(ITEM = pardon,即 I do beg your pardon),中间为致谢的实验句(ITEM = thank,即 Oh, thank you),右边为祝愿的实验句(ITEM = time,即 Have a nice time)。图中斜线的阴影代表95%的置信区间。

在中国发音人话语中,时长也是只对部分实验句有作用(见图4-27)。而且,性别与时长有显著的交互作用($\chi^2$(1) = 15.92,$p < 0.0001$),说明性别不同时长的作用也不相同。在音高均值、音高起伏、音强均值、音强起伏都等于各自样本总体的均值的条件下,时长每增加一个标准化单位(1370 ms),中国女性发音人表达致歉的真诚度可提高12.3%($\beta = 0.116$,$z = 17.93$,$p < 0.0001$),表达致谢的真诚度可提高6.4%($\beta = 0.062$,$z = 8.363$,$p < 0.0001$),而表达祝愿的真诚度降低一点点,但不显著($\beta = -0.003$,$z = -0.306$,$p = 0.759$);在表达致歉时,本研究中有89%的中国女性发音人都用了增加时长的方式表达真诚。她们的平均时长增量为388 ms。若以这个平均增量计算,时长对她们平均真诚度的提升为3.5%。在表达致谢时,本研究中有81%的中国女性发音人都用了增加时长的方式表达真诚。他们的平均时长增量为290 ms。若以这个平均增量计算,时长对他们平均真诚度的提升仅1.4%。

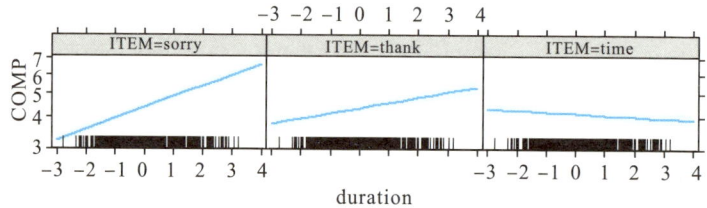

图4-27 中国发音人时长在不同实验句中对真诚的作用

注:横轴为标准化时长,每变化1个单位,时长变化1370 ms。纵轴为真诚的理解度,1-7分。1分表示非常不真诚,7分表示非常真诚,

4分表示中性。左边第一幅图为致歉的实验句（ITEM = sorry，即 I am so sorry），中间为致谢的实验句（ITEM = thank，即 Oh, thank you），右边为祝愿的实验句（ITEM = time，即 Have a nice time）。图中斜线的阴影代表95%的置信区间。

时长在中国男性发音人的话语中的作用更小。在音高均值、音高起伏、音强均值、音强起伏都等于各自样本总体的均值的条件下，时长每增加1个标准化单位（1370 ms），中国男性发音人表达致歉的平均真诚度可提高8.7%（$\beta = 0.083$，$z = 10.791$，$p < 0.0001$），表达致谢的平均真诚度可提高2.9%（$\beta = 0.029$，$z = 3.428$，$p = 0.0006$），而表达祝愿的平均真诚度会降低3.4%（$\beta = -0.035$，$z = -3.827$，$p = 0.0001$）。在表达致歉时，本研究中有的中国男性发音人85%用了增加时长的方式表达真诚。他们的平均时长增量为387 ms。以这个平均增量计算，时长对他们致歉真诚度的平均贡献度为2.5%。在表达致谢时，本研究中有83%的中国男性发音人用了增加时长的方式表达真诚。他们的平均时长增量为267 ms。以这个平均增量计算，时长对他们致谢真诚度的平均贡献仅为0.57%。

总的来说，时长对真诚有一定的作用，但相较于音高的作用，时长的作用较小。音高均值的提高，会促进真诚度的提高。但时长的增加，并不一定导致真诚度的增加。就表达致歉而言，中国发音人与美国发音人较为一致，他们大部分都利用增加时长提高真诚度。而英国发音人中，只有少数的发音人（36%）运用了增加时长的手段，因而时长在英国发音人致歉中的贡献不显著。就表达致谢而言，中国发音人与英国发音人较为一致，大部分都采用增加时长的方式提高真诚度。而美国发音人中，57%的人用增加时长方式表达不真诚，只有43%的人用增加时长表达真诚，因而时长对致谢的作用不显著。就表达祝愿而言，中国女性发音人和英国发音人较为一致，都是利用增加时长表达不真诚，但是作用不显著。中国男性发音人用增加时长表达不真诚且作用显著。美国发音人中71%的句子都用增加时长表达不真诚，29%的句子则相反，用增加时长表达真诚，表明就美国发音人总体而言，时长对真诚的作用不显著。

关于时长对表达真诚致歉的正面作用，前文例句图4-8中有所体现。图中的本族语发音人表达真诚的时长1498 ms是不真诚时长798 ms的1.88倍，而其韵律参数都差异不大。因此，前句的真诚主要是由时长贡献的。

图4-28中的中国男性发音人S表达的致谢与上面美国发音人Q类似，也是用拉长时间来形成讽刺效果，而且讽刺意味更浓。中国发音人S前后句的真诚度为5.2 VS 3.7，差值为1.5。在音高参数上，后句更为真诚。后句的音高均值为187 Hz，比前句145 Hz高42 Hz；后句音高起伏为143 Hz，比前句105 Hz高38 Hz。但在音量参数上，前句更真诚。因为前句的音强均值79 dB比后句74 dB高4 dB，这对表达真诚有利。前句的音强起伏为27 dB，比后句30 dB低3 dB。由于模型预测音强起伏在中国发音人表达致谢中起反作用，因此音强起伏也是有利于前句表达真诚的。但音量参数上二者差距不大，因此，估计对真诚的影响也不大。有重音影响的应该是时长因素。后句时长为1296 ms，与前句967 ms相比，增加了34%。尤其是在不应该拉长的词"you"上，由前句的219 ms拉长1.9倍后长达461 ms，听感上形成了讽刺意味。这样，把音高作用形成的真诚意义抵消殆尽，结果真诚度比中性还低0.3分（5%）。由此可见，中国发音人中，也有能够用时长在致谢时表达讽刺的学生。只是，大部分学生（82%）还是和英国发音人一样，在致谢时用时长表达真诚。

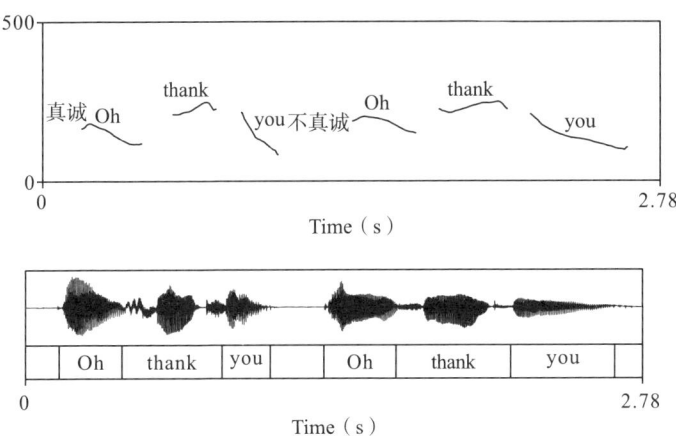

**图4-28 中国发音人S表达真诚与不真诚致谢的基频曲线（男）**

注：真诚度为5.2 VS 3.7（MD＝1.5），时长为967 ms VS 1296 ms（MD＝-329 ms），音高均值为145 Hz VS 187 Hz（MD＝-42 Hz），音高起伏为105 Hz VS 143 Hz（MD＝-38），音强均值为79 dB VS 74 dB（MD＝4 dB），音强起伏为27 dB VS 30 dB（MD＝-3 dB）。

在表达致谢时，虽然在中国发音人和英国发音人话语中，时长对真诚起正面作用，但从美国发音人的数据中可发现时长也对致谢的真诚度起负面作用。图4-29中的美国女性发音人Q的例句比较典型。前后句的真诚度为4.6 VS 3.9，前句比后句高0.7。后句的音高均值为146 Hz，比前句232 Hz高14 Hz；后句的音高起伏高达389 Hz，是前句134 Hz的2.9倍；前后句音强均值为75 dB VS 73 dB（MD＝2 dB），音强起伏为26 dB VS 36 dB（MD＝10 dB）。由于模型预测音量参数在美国发音人表达致谢中无显著效应，我们可以忽略音量对真诚度的影响。可见，音高因素尤其是音高起伏对提高后句的真诚度贡献会比较大。但为什么后句实际的真诚度3.9却比前句4.6低呢？原因很可能与时长参数有关。后句的时长为1398 ms，在前句960 ms的基础上故意拉长了46%（438 ms）。而且，拉长的并不是语义焦点词

(调核)"thank"的元音上,而是"Oh"和"you"的元音。"Oh"作为感叹词,可以承载重音,可以有时长突显。本研究中约一半本族语发音人在表达真诚时,将"Oh"作为一个独立的调群和调核,在"Oh"上赋予感情,表达感动。另一半本族语发音人弱读"Oh",和"thank you"一起说,说"Oh"的语速较快。这里的美国发音人 Q 将"Oh"处理成独立的调群,在"Oh"上拉长了时长,但没有赋予感情,而是懒洋洋地故意拉长。另外,"you"一般都不重读,在这个致谢语境下,需要重读"thank"才能表达出谢意,重读"you"则不能。不仅不能,还会让听话人感觉说话人是故意避开说"thank"这个核心词,同时,又懒洋洋地拉长"you"。这种懒洋洋地拉长感觉有些讽刺意味。这样,音高起伏所贡献的真诚意义被抵消了,让整个句子接近于中性(3.9),并略微有一点不真诚。这就是时长的负面作用。

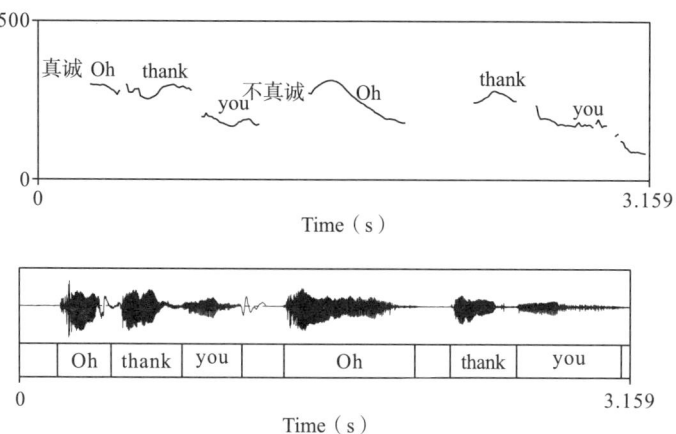

图 4-29 美国发音人 Q 表达真诚与不真诚致谢的基频曲线(女)

注:真诚度为 4.6 VS 3.9 (MD = 0.7),时长为 960 ms VS 1398 ms (MD = -438 ms),音高均值为 232 Hz VS 246 Hz (MD = -14 Hz),音高起伏为 134 Hz VS 389 Hz (MD = -255 Hz),音强均值为 70 dB VS 67 dB (MD = 3 dB),音强起伏为 44 dB VS 48 dB (MD = -4 dB)。

4.3.2.6 小结

（1）音阶对表达真诚的作用。

在美国发音人话语中，音阶对表达真诚有显著效应。美国发音人的平均音阶增量可让致谢、祝愿、致歉的真诚度分别提高13.0%、10.8%、8.6%。

在英国发音人的话语中，音阶对表达真诚也有显著效应，但作用远比在美国发音人的话语中的效应小。英国发音人的平均音阶增量可让致谢、祝愿、致歉的真诚度分别提高3.7%、3.1%、2.5%。

在中国发音人的话语中，音阶对表达真诚也有显著效应，但作用比英国发音人的话语中的效应还小。中国发音人的平均音阶增量可让致谢、祝愿、致歉的真诚度分别提高3.0%、2.5%、2.2%。

（2）音高起伏对表达真诚的作用。

在美国发音人的话语中，音高起伏对真诚没有显著效应。

在英国发音人的话语中，音高起伏在致谢和祝愿中对真诚有显著正面效应，但作用比音阶略低。音高起伏在致歉中有微弱的反作用。

在中国发音人的话语中，音高起伏对中国发音人的作用与对英国发音人类似，只在致谢和祝愿中对真诚有显著正面效应，但作用效果只有英国发音人的一半。

（3）音量水平对表达真诚的作用。

在美国发音人的话语中，音量水平对表达真诚没有显著效应。

在英国男性发音人的话语中，音量水平只对表达致谢和祝愿有显著效应，对表达致歉没有显著效应。

在中国发音人的话语中，音量水平对表达真诚有显著效应，但作用甚微。例如，在表达致谢时，平均音量增量对真诚的提高度仅 0.37%。

(4) 音量突显对表达真诚的作用。

在美国和英国发音人话语中,音量突显对真诚都无显著效应。

在中国发音人话语中,音量突显在表达致谢和祝愿时无显著效应;但在表达致歉时,对真诚有微弱的反作用。

(5) 时长/语速对表达真诚的作用。

在美国发音人话语中,时长只在表达致歉时对真诚有作用,但是比音阶的作用小得多。美国发音人平均时长增量对真诚度的提升为 4.6%。

在英国发音人话语中,时长只在表达致谢时对真诚有作用,平均增量对真诚度仅提高了 0.57%。

在中国发音人话语中,时长也是只对致歉和致谢有显著效应。性别不同,时长的作用也不相同。女性发音人在表达致歉时,平均时长增量对真诚度的提升为 3.5%;在表达致谢时,平均时长增量对真诚度的提升仅 1.4%,在男性发音人的话语中的作用更小。他们在表达致歉时,平均时长增量对真诚度的提升为 2.5%。在表达致谢时,平均时长增量对真诚度的提升仅为 0.57%。

综上所述,无论是在本族语还是中国发音人话语中,音阶都是对表达真诚贡献最大的韵律参数。美国发音人对音阶的利用效果比英国发音人高,中国发音人对音阶的利用效果比英国发音人略低。音高起伏、音量水平、音量突显、时长/语速仅在某些类别的发音人或某些实验句中有显著效应。

### 4.3.3　中国学生与本族语者表达真诚的主要韵律手段

由于多数情况下,真诚的韵律参数都对真诚度的提升起正向作用,即韵律参数值越高,真诚度越高。因此,我们筛选出所有真诚的韵律参数都高于不真诚的韵律参数的句子，用真诚的韵律参数减去不真诚的韵律参数，得到真诚与不真诚的韵律差值（正值），并计算韵律差值的平均值（见表4-4）。时长的情况有些特殊，根据上文模型预测的结果，有些发音人通过拉伸时长来表示讽刺，以传达不真诚的态度。因此，我们也筛选出真诚的时长小于不真诚的时长的句子，用真诚的时长减去不真诚的时长，得到时长差（负值），并求得所有样本时长差的均值，即表4-4中的"时长差（负值）"。在认定发音人的主要韵律手段时，我们只统计真诚与不真诚的韵律参数差值大于表中的均值句子的韵律手段［或小于时长差（负值）］。例如，如果某发音人表达致谢时，真诚减不真诚的基频均值之差大于53 Hz，那么可以认为提升音阶为该发音人表达真诚致谢的主要韵律手段之一；若该发音人真诚减不真诚的时长差（负值）小于-226 ms，则认为拉伸时长是该发音人表达不真诚的主要韵律手段之一。当然，韵律参数的差值小于表4-4中的均值的句子也很多，我们将这种情况定义为次要韵律手段。由于次要韵律手段的组合太多、太复杂，而且其对真诚度的影响小于主要韵律手段，我们暂不汇报次要韵律手段的情况。下面，分实验句汇报各类型的发音人所用的主要韵律手段。

表4-4　各韵律参数在真诚与不真诚表达中的均值差

| 实验句 | 基频均值差 | 基频起伏均值差 | 音强均值差 | 音强起伏均值差 | 时长差（正值） | 时长差（负值） |
|---|---|---|---|---|---|---|
| 致谢 | 53 Hz | 123 Hz | 6 dB | 8 dB | 276 ms | -226 ms |
| 祝愿 | 40 Hz | 96 Hz | 6 dB | 7 dB | 162 ms | -154 ms |
| 致歉 | 33 Hz | 106 Hz | 5 dB | 8 dB | 388 ms | -138 ms |

4.3.3.1　表达致谢的主要韵律手段

美国发音人表达真诚致谢的主要韵律手段比较简单，只有单因素和四因素两大类共4种小类的韵律组合。单因素或以音阶,或以音高起伏,或以时长为手段,各占14%。提高音阶对提升真诚度的效果最好,提升度高达2.2(37%);增加音高起伏对真诚度的提升效果较差,提升度仅0.8(13%)。效果较差的是通过增加不真诚句的时长来制造讽刺效果,以拉开真诚与不真诚的差距,这种情况占14%。用这种手段实现的真诚句与不真诚句的真诚度之差仅为0.7。四因素组合即音阶、音高起伏、音量、时长的综合,占14%,提升幅度高达3.6(60%)。剩余43%的句子使用的是次要韵律手段。

三因素组合只有一种,即音阶、音高起伏、音量三者的组合,占14%,真诚度提高为1.5(25%)。按理说,三因素韵律组合对真诚度的提升应该高于单因素组合。但是这个组合中真诚与不真诚的音高均值仅相差30 Hz,不及本研究中发音人总体的平均音高差值53 Hz。根据模型预测的结果,音高均值是美国发音人最重要的韵律提升手段,如果音高均值相差不大,真诚度的提升度可能就不大。

英国发音人使用了3种主要的韵律手段,包括单因素、双因素、四因素3种大类共6种小类的韵律组合。单因素韵律占19%,有3种,分别是音阶、音高起伏、时长。真诚与不真诚区分度效果最好的手段是在表达真诚时增加时长,平均真诚度提高了2.4(40%);音阶手段次之,平均真诚度提高了1.6(27%)。音高起伏对真诚度的提高效果较差,平均真诚度仅提高了0.6(10%)。

双因素韵律组合占14%。分为两种,即音阶-音量水平组合和音阶-时长组合(在表达不真诚时增加时长)。这里的核心元素是音阶。前者对真诚度的提升为1.1(18%),后者的提高度为0.7(12%)。四因素韵律组合为音阶、音高突显、音量水平、时长(在表达不真诚时增加时长)的组合,占5%,对真诚度的提高效果最好，提高高达2.1（35%）。剩下的62%的句子使用的是次要韵律手段。

中国发音人所用韵律手段非常复杂，包括单因素、双因素、三因素、四因素和五因素5种大类共29种小类的韵律组合。单一韵律手段区分真诚与不真诚的最多，占38%，对区分真诚与不真诚的效果一般，平均真诚区分度为1.1（18%）。这些韵律手段包括音阶、音高水平、音量水平、音量突显和时长所有5种类型。时长手段包括增加时长表达真诚和增加时长表达讽刺两种。

双因素韵律组合共26%，真诚与不真诚的平均区分度为1.4（23%）。组合方式有4种。第一种以音阶为必要手段，或与音高突显，或与音量水平，或与音量突显的双因素组合对提高真诚度最有效，占9%，平均提高达1.7，第二种以音高突显为必要手段，或与音量水平，或与音量突显，或与时长的双因素组合占5%；其中，音高突显与时长的组合效果最好，平均真诚度提高高达2.2，其他两种组合的平均真诚度提高仅为1.0。第三种以时长为必备条件，或与音量水平，或与音量突显形成组合，平均真诚度提高为1.1。第四种是音量水平与音量突显的组合，占2%，效果最差，平均提高度仅0.3。

三因素韵律组合共10%，平均真诚度提高为1.6。组合方式有3种。第一种以音阶为必要手段，与音高起伏、音量水平、音量突显、时长中的任意两者组合。这种方式占三因素组合中的89%，对提高真诚度的平均效果高达1.9（32%）。第二种组合没有音阶，仅为时长、音量水平、音量突显三者的组合。由于没有音阶的作用，第二种平均真诚度提高仅1.1（18%），提升真诚度的效果远不及第一种。根据前面模型的预测，这种组合中对真诚度的提升贡献最大的应该是时长。第三种方式是增加音高突显、提高音量以提升真诚句的真诚度，和增加时长形成讽刺效果，降低不真诚句的真诚度。这种组合方式对区分真诚与不真诚的效果最差，实现的区分度仅0.5（8%）。

四因素韵律组合共占5%，区分真诚与不真诚的效果很好，区分度高达2.1（35%）。这种组合又分3种形式，其中音阶和时长为必选项，音高起伏、音量水平、音量突显中选其二。3种组合的真诚度提高相差不大，分别为2.1、2.2、2.0。组合中起决定性作用的应该是音阶和时长两个必选项。

五因素韵律组合为音阶、音高突显、音量水平、音量突显、时长的全方位组合，仅占1%，对区分真诚与不真诚的效果很好，区分度高达2.8（47%）。除这5种主要韵律手段外，剩下的22%使用的是次要韵律手段，实现的真诚区分度较差，仅为0.6（10%）。

由此可见，总体上讲，中国发音人使用的韵律手段越多，区分真诚与不真诚的效果越好。单因素、双因素、三因素、四因素、五因素韵律手段的平均区分度依次为1.1（18%）、1.4（23%）、1.6（27%）、2.1（35%）、2.8（47%）。但这些组合内部也有区别，一般来说，使用了音阶手段的比没有使用音阶手段的真诚区分度更好。这些规律与模型预测的结果一致。

对比三类发音人表达真诚致谢和不真诚致谢总的平均区分度，我们发现美国发音人的平均区分度最高（1.6），中国学习者接近美国发音人（1.5），比英国发音人（1.0）高，这说明中国学习者已经很好地掌握了真诚致谢的韵律手段。这里并不表明英国发音人作为本族语者表达真诚致谢的能力比中国学习者低，因为英国发音人的真诚与不真诚区分度低很可能是英国人较为保守的性格所致。

#### 4.3.3.2 表达祝愿的主要韵律手段

美国发音人用了3种主要韵律手段表达真诚祝愿，单因素、双因素、三因素3种大类共6种小类的韵律组合。所有组合都有一个共同点，即都包含音阶，可见美国发音人表达真诚时对音阶的依赖程度非常高，同时也与模型预测中音阶的重要作用高度吻合。单因素即音阶独立手段，占14%，对真诚的平均提升度为2.0（33%）。双因素韵律组合最多，占57%，平均真诚提升度为2.2（37%），比单因素手段略高。组合方式包括音阶－音量水平、音阶－时长（在表达真诚时时长增加）、音阶－时长（在表达不真诚时时长增加）3种形式。三因素韵律组合占28%，平均真诚度提升为1.5（25%）。共有两种组合，音阶－音量水平－音量突显和音阶－音量突显－时长（在表达不真诚时增加时长）。从单因素、双因素、三因素韵律组合对提高真诚度的效果来看，并不是三因素组合的效果好于单因素或双因素，而是说明，对提升真诚度起决定作用的不是韵律元素的多少而在于韵律元素的性质。对美国发音人来说，音阶的作用明显是主导性的。

英国发音人表达真诚祝愿的主要韵律手段也是3种大类，单因素、双因素、三因素，13种小类的韵律组合。但是情况比美国发音人复杂得多。单因素就有5种，占18%，音阶、音高突显、音量水平、音量突显、时长都可以单独使用，但对真诚度的提升均值仅0.5（8%）。双因素韵律组合的5种类型中，4种仍然是以音阶为必选项，1种是时长（在表达真诚时增加时长）和音量突显的组合。双因素韵律组合占32%。三因素韵律组合占18%，共3种组合，仍然都是以音阶为必备元素，对真诚度的平均提升度为1.5（25%）。

对比英美发音人的主要韵律手段，我们发现两者总体上相同，都是以音阶为主，形成的单因素、双因素、三因素韵律组合。但不同的是，美国发音人所用韵律手段对表达真诚祝愿的效果明显好于英国发音人。美国发音人表达真诚与不真诚祝愿的平均区分度为 1.9（32%），而英国发音人的平均区分度仅为 1.0（17%）。例如，图 4-30 中的美国发音人（AM）和英国发音人（BR）都使用双因素中音阶-时长组合。美国发音人真诚句（AM-sincere）与不真诚句（AM-insincere）的音高均值差为 55 Hz，时长差为 -247 ms。英国发音人真诚句（BR-sincere）与不真诚句（BR-insincere）的音高均值差为 52 Hz，时长差为 -403 ms。因此，两个发音人都是通过提升音高均值表达真诚，通过降低音高均值和拉伸时长表达不真诚。然而，美国发音人的真诚与不真诚区分度为 1.8，而英国发音人的区分度仅为 1.0。两者不真诚的程度一样，都是 3.7。不同的是美国发音人的真诚句的真诚度高达 5.6，而英国发音人仅 4.7，比美国发音人低 0.9（15%）。从音高均值来看，英国发音人的真诚句为 194 Hz，甚至比美国发音人的 187 Hz 略高。那为何美国人的真诚度更高呢？仔细观察基频曲线，并结合听感，会发现美国发音人的真诚句在焦点词（调核）"time"上既有音高突显，也有时长突显（时长拉伸），而"time"在英国发音人的真诚句中的却没有得到足够的突显。因此，美国发音人更高的真诚度很可能是这个原因造成的。由此可见，真诚度不仅与基本的韵律参数有关，也与焦点的突显方式有关。美国发音人在基本的韵律参数基础上，优化突显方式，最终取得了比英国发音人更好的表达效果。

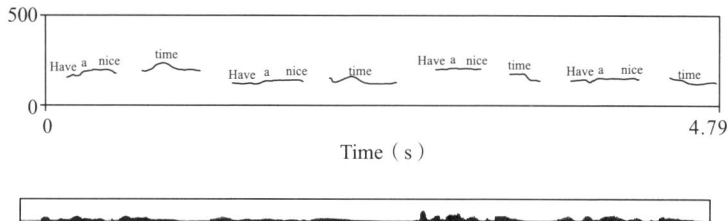
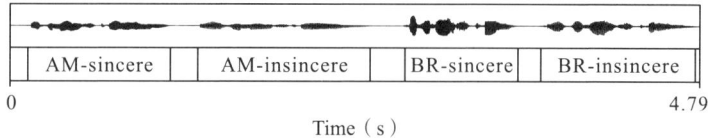

**图 4-30　美国发音人（AM）和英国发音人（BR）表达真诚与不真诚祝愿的基频曲线**

注：前句 AM 的真诚度为 5.6 VS 3.7（$MD=1.8$），音高均值为 187 Hz VS 132 Hz（$MD=55$ Hz），时长为 1068 ms VS 1315 ms（$MD=-247$ ms）；后句 BR 的真诚度为 4.7 VS 3.7（$MD=1.0$），音高均值为 194 Hz VS 142 Hz（$MD=52$ Hz），时长为 787 ms VS 1190 ms（$MD=-403$ ms）。

中国发音人的主要韵律手段比本族语发音人更多样。分为单因素、双因素、三因素、四因素四种大类共 28 种小类的韵律组合。单因素韵律手段占 37%，对真诚度的平均提升度为 0.8（13%）。双因素韵律组合占 27%，对真诚度的平均提升度为 0.9（15%），与单因素韵律手段的作用差不多。双因素韵律组合有 3 种大类：第一种占 9%，仍然是以音阶为必备元素，对真诚度的平均提升度为 0.9（15%）；第二种占 10%，以时长为必备元素，对真诚度的平均提升度为 0.8（13%）；第三种占 8%，也是以时长为必备元素。但第二种组合是通过增加时长表达真诚，而第三种组合是通过增加时长制造讽刺意味，表达不真诚。由此可见，中国发音人比较喜欢运用时长手段表达真诚或不真诚的祝愿。三因素韵律组合较少，仅占 5%，平均真诚度提升为 0.7（12%）。共 5 种组合，都是以音阶为必备元素与其他两者的结合。四因素韵律组合最少，仅占3%，平均真诚度提升为0.9（15%）共3种组合，音阶皆是必备元素。其余27%的句子由次要韵律手段实现真诚与不真诚的表达，平均真诚度提升仅0.4（7%）。可见，中国发音人表达祝愿时，单因素和双因素两种手段用得最多（64%），辅以三因素和四因素韵律组合。音阶和时长是最重要的手段。但是总体上，这些手段对区分真诚与不真诚的效果并不佳，平均区分度只有0.8（13%），比英国发音人的平均区分度1.0低，与美国发音人的1.9相差更远。其原因与英国发音人类似，与语义焦点的突显方式有关。

以图4-31中的美国发音人（AM）和中国发音人（CN）表达真诚祝愿为例。从音高均值来看，中国发音人的音高均值为346 Hz，比美国发音人的音高均值322 Hz高24 Hz，但是真诚度仅为4.5，比美国发音人的5.6低1.1（20%）。从基频曲线和听感判断，很可能是两个发音人的语义焦点（调核）"time"的音高表现不一样所致。美国发音人调核词"time"上维持很高的语调。在听感上，让人感觉发音人情绪有一些激动，让人觉得这种激动是由发音人对说话对象的真心祝愿引发的。"time"的停延率高达2.0，即"time"为全句几个单词的平均时长的2倍［停延率的概念来自石锋、梁磊、王萍（2010）］，说明调核"time"也使用了时长突显，使得这种情绪持续更久。而中国发音人没有在调核"time"上维持高语调，而是使用了降调。虽然降调也是一种语调突显，但是在听感上，基频的下降让人感觉说话人激动情绪的缓和，感知到的真诚度随之下降。中国发音人"time"一词的停延率为1.5，但是"time"一词的最后200 ms为嘎裂音（creaky voice），使得听感上该词比较清晰的只有3/5，即听感上的停延率只有1.1，基本上没有时长突显。此外，美国发音人的音强均值73.5 dB也比中国发音人的63.5 dB高10 dB，即美国发音人的音量比中国发音人大。更高的音量也会让人感到情绪的高昂，传递几分真诚。上面几个因素，都让人觉得这里的美国发音人比中国发音人更真诚。

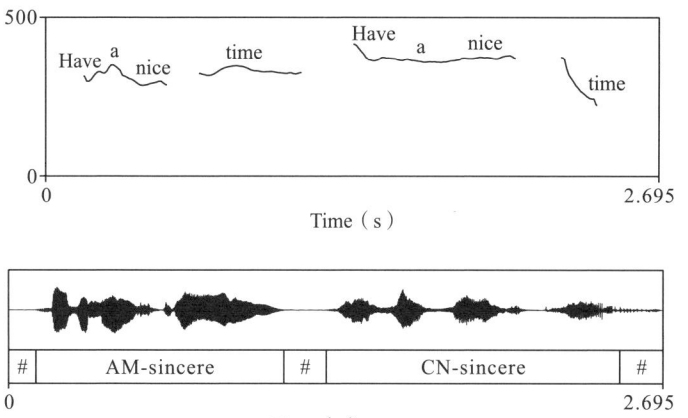

**图 4-31　美国发音人（AM）和中国发音人（CN）表达真诚祝愿的基频曲线**

注：AM-sincere，音高均值为 322 Hz，真诚度为 5.6；CN-sincere，音高均值为 346 Hz，真诚度为 4.5。

在美国发音人所用韵律手段的使用率中，音阶的使用率最高（100%），音量水平为 43%，音量突显（28%），时长（增加时长表达真诚）（14%），时长（增加时长表达讽刺）（28%）。表达效果最佳的是音阶-时长组合（增加时长表达真诚），其次是音阶-音量水平组合，再次是音阶（单独使用），其表达真诚与不真诚的平均区分度依次为 2.5、2.4、2.0。这三种组合占 57%。

在英国发音人所用韵律手段中，其使用率分别为音阶 53%，音高突显 29%，音量水平 9%，音量突显 15%，时长（增加时长表达真诚）20%，时长（增加时长表达讽刺）成功的 18%、失败的 14%。

中国发音人所用韵律手段的使用率中，最高的是音阶

（30%）和时长（增加时长表达真诚）（29%），其次是音高突显（22%）和音量突显（22%），最低的是时长（增加时长表达讽刺）（14%）和音量水平（12%）。中国发音人各种韵律使用率都比美国发音人低很多，尤其是中国发音人音阶的使用率比美国发音人低60%，音量水平的使用率比美国发音人低39%。中国发音人甚至有27%的句子根本没有使用主导性韵律手段。

中国发音人表达效果最好的是音量水平（单独使用）、音量突显－时长组合（增加时长表达讽刺）、音阶－音量水平组合，真诚与不真诚的平均区分度为依次为1.7、1.7、1.5。但这3种效果最好的组合的使用率仅占3%。虽然也有少数中国发音人（1%）也使用了对美国发音人效果最好的音阶－时长组合（增加时长表达真诚），但是区分度却只有1.0，而美国发音人为2.5。中国发音人使用音阶－音量水平组合的平均区分度仅1.5，而美国发音人高达2.4。这些都再次说明，真诚与不真诚的表达效果不仅与韵律组合相关，还和语义焦点的突显方式相关。

美国发音人的平均区分度为1.9，英国发音人为1.0，中国发音人仅0.8。

综上所述，中国学习者表达真诚与不真诚祝愿的效果较差（中国发音人的平均区分度仅为0.8，而美国发音人为1.9）的原因有三。第一，没有充分使用各种韵律手段；第二，使用最佳韵律组合方式的人太少（仅11%）；第三，即使使用了最佳韵律组合，但使用时与语义焦点的结合不当。在本研究例句"Have a nice time"中，"time"是语义焦点，也是调核，必须有较高的音阶才能传达真诚的祝愿。而许多中国学习者恰恰在这个最关键的地方没有提高音阶。

#### 4.3.3.3 表达致歉的主要韵律手段

和致谢、祝愿一样，美国发音人表达真诚与不真诚致歉的主要韵律手段也相对比较简单,分为单因素、双音素、三因素3个大类5种小类的韵律组合。与表达致谢和祝愿不同,音阶不再是组合中的必备元素,说明音阶在表达致歉中的作用略有下降,这与模型预测的结果一致。单因素手段为时长,占14%,即仅以时长为主要手段可以实现的真诚与不真诚平均区分度高达2.1。这里的时长手段指通过增加时长表达真诚。双因素为音高突显－音量突显、音阶－音量突显两种,共占28%。其中,前者比后者实现的真诚与不真诚区分度更高(2.1 VS 1.5)。三因素组合有两种,占43%,分别是音阶－音量水平－时长和音阶－音量突显－时长组合。前者中的时长指通过增加时长表达真诚,后者中的时长指通过增加时长形成讽刺,表达不真诚。在所有组合中,音阶－音量水平－时长(增加时长表达真诚)组合对区分真诚与不真诚致歉的效果最好,区分度为2.4(40%)。音阶－音量突显－时长(增加时长表达不真诚)组合的效果最差,区分度仅1.1(18%)。剩下14%的句子由次要韵律组合实现真诚与不真诚的表达。总体上,美国发音人实现的真诚与不真诚致歉的平均区分度为1.7。6种韵律手段的使用率中,最高的是音阶(57%),其次是时长的真诚用法(43%)和音量突显(42%),第三是音量水平(29%),最少的是时长的讽刺用法(14%)和音高突显(14%)。

英国发音人表达致歉的手段也是3类:单因素、双因素、三因素韵律组合,共9小类。同样,音阶不再是所有小类中的必备元素。含有音阶的韵律组合仅占28%。所有韵律手段中,占比最多的(27%)是单一使用增加时长表达讽刺、传递不真诚,但是效果很差,真诚与不真诚的区分度只有0.1。最有效的是音阶－音高突显组合,区分度为1.1,但仅占5%。其他各种组合对区分真诚与不真诚的效果都不好。6种韵律手段的使用率中,音阶最高（28%），依次往下是时长的讽刺用法（27%）、音量突显（24%）、音高突显（23%）、音量水平（10%）、时长的真诚用法（14%）。

中国发音人的韵律手段还是非常复杂的，有4个大类：单因素、双因素、三因素、四因素27个小类的韵律组合。6种韵律手段的使用率中，与美国发音人一样，最高的是音阶（40%），但使用率比美国发音人少17%；中国发音人的时长使用率（40%）与美国发音人接近；中国发音人的音量突显使用率为26%，比美国发音人少18%；中国发音人音高突显使用率为21%，与美国发音人（23%）较为接近；中国发音人对音量水平的使用率为16%，比美国发音人（10%）略高。中国发音人用时长表达讽刺的使用率最少，仅4%，而且效果不佳，配合其他韵律手段实现的平均真诚与不真诚区分度仅为0.25。美国发音人的使用率是14%，配合其他韵律手段实现的平均真诚与不真诚区分度为1.1。这说明中国发音人对这种用法掌握不够。英国发音人用时长表达讽刺的比例高达27%，但是表达的效果却很差，平均真诚和不真诚的区分度仅为0.1。中国发音人各种主要韵律组合实现的平均真诚与不真诚区分度为1.1，但美国发音人的平均区分度为1.7。中国学习者和美国发音人在表达效果上的差异与韵律组合的选择有关。

在各种韵律的组合中，美国发音人表达效果最好的是音阶－音量水平－时长组合，其次是单独用时长和音高突显－音量突显组合，这三种组合的真诚与不真诚平均区分度依次为2.4、2.1、2.1。这三种组合占57%。对中国发音人来说，表达效果最好的是时长－音量水平－音量突显，平均区分度为2.3；其次是音阶－音量水平－时长组合，平均区分度为2.1。这个组合和美国发音人效果最好的组合一致，说明这是一个比较稳定的有效表达真诚与不真诚致歉的韵律组合。第三是时长－音高突显－音量突显组合,平均区分度为2.0。此外,音阶－音量突显－时长组合和音高突显－音量水平－音量突显－时长的表达效果也较好,平均区分度均为1.9。中国发音人的以上组合中都有一个核心因素即时长。这说明时长对表达真诚致歉很重要。可惜的是,以上这几种有效表达真诚和不真诚致歉的韵律组合使用率仅5%,而其他任何组合的平均区分度都小于或等于1.5。这应该就是中国发音人真诚与不真诚总的平均区分度比美国发音人低0.6的原因。

表达致歉时,还有一个非韵律因素即嗓音音质。前面介绍模型预测时,我们就发现在说话人运用沙哑嗓音表达真诚致歉时,音高不需要太高就可以表达真诚。这里,我们再看嗓音音质如何与其他韵律手段一起表达真诚。

例如,图4-32中的美国发音人01前后两句的主要韵律差异是时长(1530 ms VS 866 ms,$MD$ = 663 ms),其他韵律参数,如音高均值(146 Hz VS 128 Hz,$MD$ = 27 Hz)、音强均值(73 dB VS 71 dB,MD = 2 dB)、音强跨度(39 dB VS 39 dB)都差异不大。图4-33中的中国发音人02也是一样。前后两句的主要韵律差异是时长(1651 ms VS 858 ms,$MD$ = 793 ms),其他韵律参数,如音高均值(321 Hz VS 329 Hz,$MD$ = -8 Hz)、音高跨度(257 Hz VS 182 Hz,$MD$ = 75 Hz)、音强均值(72 dB VS 71 dB,$MD$ = 1 dB)均差异不大。因此,从韵律层面来看,图中的两位发音人都是将时长作为主要韵律手段来表达真诚致歉的。虽然两者都非常成功地区分了真诚与不真诚,而且区分度都是2.1(美国发音人01前后句的真诚度为5.9 VS 3.8,中国发音人为5.2 VS 3.1),但是美国发音人01实现真诚致歉的真诚度高达5.9,比中国发音人02高0.7(13%)。

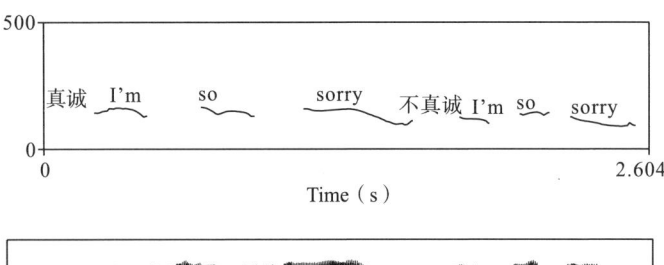

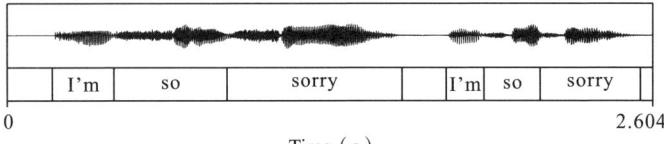

**图 4-32 美国发音人 01 表达真诚与不真诚致歉的基频曲线（男）**

注：前后两句的真诚度为 5.9 VS 3.8（$MD=2.1$），时长为 1530 ms VS 866 ms（$MD=663$ ms），音高均值为 146 Hz VS 128 Hz（$MD=27$ Hz），音高跨度为 81 Hz VS 55 Hz（$MD=26$ Hz），音强均值为 73 dB VS 71 dB（$MD=2$ dB），音强跨度为 39 dB VS 39 dB（$MD=0$），基频微扰 0.03，振幅微扰 0.16。

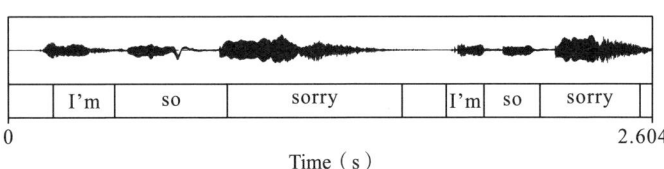

**图 4-33 中国发音人 02 表达真诚与真诚致歉的基频曲线（男）**

注：5.2 VS 3.1（$MD=2.1$）1651 ms VS 858 ms（$MD=793$ ms），音高均值为 321 Hz VS 329 Hz（$MD=-8$ Hz），音高跨度为 257 Hz VS 182 Hz（$MD=75$ Hz），音强均值为 72 dB VS 71 dB，音强跨度为 47 dB VS 40 dB（$MD=7$ dB），基频微扰 0.01，振幅微扰 0.05。

那么，是什么原因让美国发音人的真诚度更高呢？我们把二者表达真诚的句子放到一个图（见图4-34）中进行比较。从前文可知，两位发音人都是主要通过增加时长表达真诚，减少时长、加快语速表达不真诚。那么，时长越长，应该越真诚。但是实际上中国发音人的时长1651 ms比美国发音人1530 ms略长。从音高来看，中国发音人的音高均值（321 Hz）是美国发音人（146 Hz）的2.2倍；中国发音人的音高跨度（257 Hz）是美国发音人（81 Hz）的3.2倍。显然，不是音高参数导致美国发音人的真诚度更高，也不应该是中国发音人的音高参数过高降低了自己的真诚度，因为模型预测在表达致歉时，音高是对真诚度起正向作用的。音强参数上，美国发音人的音强均值为73 dB，仅比中国发音人（72 dB）高1 dB。但模型预测美国发音人的音强均值对真诚无显著作用。因此，这1 dB的差值也不会是美国发音人更真诚的原因。最后，美国发音人的音强跨度为39 dB，比中国发音人的47 dB低8 dB。但模型预测美国发音人的音强跨度对表达真诚起正向作用，因此音强跨度也不是让美国发音人的真诚度更高的原因。

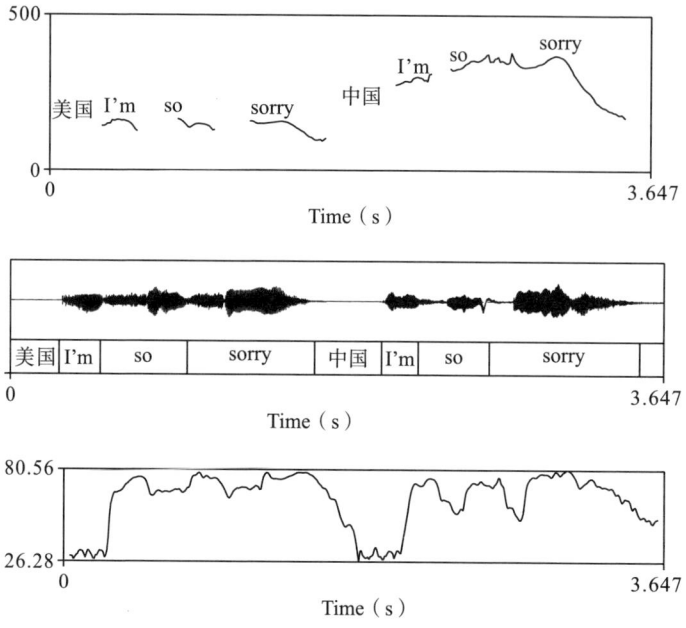

**图 4 - 34　美国发音人 01 和中国发音人 02 表达真诚致谢的基频曲线**

注：前句为美国发音人的真诚致歉，后句为中国发音人的真诚致歉。前后句的真诚度为 5.9 VS 5.2（$MD=0.7$），时长为 1530 ms VS 1651 ms（$MD=-121$ ms），音高均值为 146 Hz VS 321 Hz（$MD=-175$ Hz），音高跨度为 81 Hz VS 257 Hz（$MD=-176$ Hz），音强均值为 73 dB VS 72 dB（$MD=1$ dB），音强跨度为 39 dB VS 47 dB，基频微扰为 0.03 VS 0.01（$MD=0.02$），振幅微扰为 0.16 VS 0.05（$MD=0.11$）。

除韵律因素外，还有一个真诚度的影响因子即嗓音音质。很容易发现，美国发音人表达真诚致歉句时嗓音略沙哑，而中国发音人的嗓音音质正常。美国发音人"I'm so sorry"的重读音节元音的平均基频微扰为 0.03，是中国发音人 0.01 的 3 倍；美国发音人的平均振幅微扰 0.16 是中国发音人 0.05 的 3.2 倍。嗓音参数与听感一致。用沙哑的嗓音表达致歉，会让人觉得说话人非常内疚，从而提高真诚度。由此可见，本例中美国发音人的真诚度比中国发音人高主要是有嗓音音质引起的。

#### 4.3.3.4 小结

中国学生能综合运用音阶、音高起伏、音量水平、音量突显、时长突显 5 个因素的韵律手段表达真诚。其韵律组合方式比本族语发音人复杂、多样。但是表达真诚与不真诚的效果不如本族语者好，其主要原因是中国学生对表达真诚效果最好的音阶利用率不高，使用最佳韵律组合较少，韵律手段与语义焦点的结合不好等。

# 5 利用 ToBI 标注数据和韵律移植研究情态韵律

韵律移植是韵律研究的一个好方法。尤其是在研究情态韵律时，韵律移植可以在控制其他声学参数的条件下，改变韵律参数研究韵律参数对情态表达的效果。中国社会科学院语言研究所研究员熊子瑜专门为本数据库编写了韵律移植的脚本程序，本语料库将其命名为"Transplant_prosody"。该脚本功能非常强大：既可以单独移植时长和基频，也可以同时移植时长和基频；既可以实现全句的韵律移植，也可以对特定部分的韵律进行移植；既可以移植绝对音高的基频，也可以移植相对音高的基频。在该程序的协助下，基于本数据库，可以做很多研究。例如，我们可以用移植的方法对礼貌的语调进行研究。下面以礼貌的语调研究为例。在利用韵律移植进行研究之前，需要利用 ToBI 标注数据对表达礼貌的调型作初步分析。

## 5.1 利用 ToBI 标注数据分析句末调型

### 5.1.1 方法

从本语料库中选取 31 名本族语发音人表达礼貌和不礼貌的句子，用 praat 脚本程序提取 ToBI 标注的语调信息，对句末边界调的调型进行归类。请 8 名本族语者作评分员，采用 1－7 分的语义差异量表（1 分代表非常不礼貌，7 分代表非常礼貌）对这些句子的礼貌度进行评分。利用 R 语言，构建泊松回归的混合效应模型，探索边界调型与礼貌度的关系。

### 5.1.2　数据准备

查附录 2 "数据库检索表" 中的 "情态类型检索表"，我们知道礼貌和不礼貌句子的文件名为 "polite" 和 "impolite"。根据附录 2 中的 "发音人类型检索表"，我们知道英国发音人的文件名代码为 BR，美国发音人文件名代码为 AM。因此，分别检索 "AM * polite" 和 "BR * polite"，可以把所有英美发音人表达礼貌和不礼貌的句子找到。这些句子现已复制出来，单独放到了 "数据提取示例文件\ Politeness－native" 中。

用本书 "3.1 提取 ToBI 标注信息" 中的方法，使用脚本程序 "ToBI_reader 提取 ToBI 标注数据.praat" 可以将本族语者表达礼貌和不礼貌的调型特征全部提取出来。脚本运行后，这些数据会自动生成到 "数据提取示例文件\ Politeness－native" 里面的 "allData" 文件中。

将 allData 里的数据信息复制到 Excel 表里，删除不相关的列，只保留语调类型相关信息（见图 5－1）。

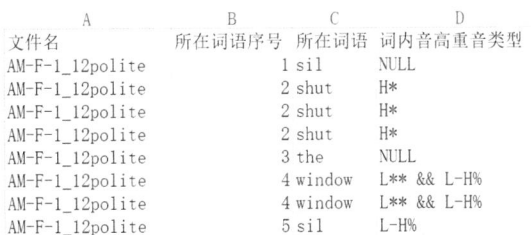

图 5－1　删除包含 "NULL" 的行

由于边界调附着在句末的单词上，需要把数据中"email""off""window""please"4个词的调型整理出来。可利用Excel中"数据"—"删除重复项"功能，删除重复的数据（见图5-2）。

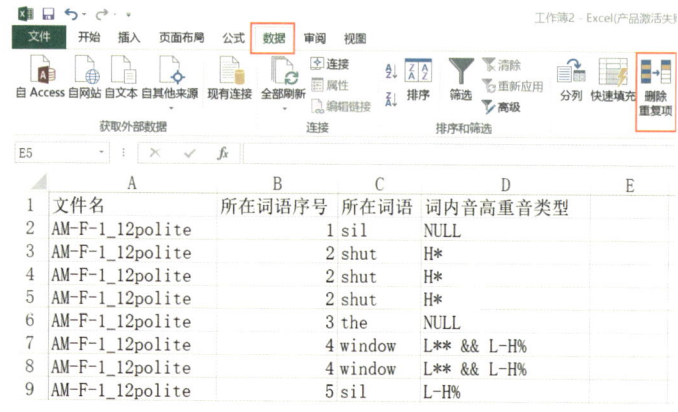

图5-2　删除重复数据

然后，对"所在词语序号"列进行筛选，迅速把"email""off""window""please"的调型筛选出来，并用替换的方法，把"&&"去掉（见图5-3）。

|   | A | B | C | D | E |
|---|---|---|---|---|---|
| 1 | 1 | 文件名 | 所在词语序号 | 所在词语 | 词内音高重音类型 |
| 2 | 5 | AM-F-1_12polite | 4 | window | L**L-H% |
| 3 | 12 | AM-F-1_2polite | 6 | email | L+H**L-H% |
| 4 | 19 | AM-F-1_32impolite | 6 | email | !H**L-L% |
| 5 | 24 | AM-F-1_35impolite | 4 | window | !H**L- |
| 6 | 31 | AM-F-1_39impolite | 5 | off | !H**L-L% |
| 7 | 37 | AM-F-1_7polite | 5 | off | L**L-H% |

图5-3　去除"&&"行的数据

根据ToBI标注的边界调对调型进行归纳。根据数据结果，我们发现本族语者用了降、降升、平、升4种调型。把调型数据和礼貌度评分的数据合并，如图5-4所示。其中，"ITEM"列是每个句子的文件名，"SenType"是句型，"WORD"是边界调所在单词，"ToBI"表示边界调，"TONE"是转换后的边界调，

"PolPerceived"指8个听话人感知到的礼貌度,"RATER"是8个评分员的代号,"SPKtype"是发音人类型,"PolIntended"是发音人想要表达的礼貌类型。该数据文件命名为"polite_native",可在"数据提取示例文件"目录下找到。

| B | C | D | E | F | G | H | I | J |
|---|---|---|---|---|---|---|---|---|
| ITEM | SenType | WORD | ToBI | TONE | PolPerceived | RATER | SPKtype | PolIntended |
| AM-F-1_12polite | imperative | window | L**L-H% | rise | 5 | 1Nina | AM | polite |
| AM-F-1_2polite | statement | email | L+H**L-H% | fallrise | 5 | 1Nina | AM | polite |
| AM-F-1_32impolite | statement | email | !H**L-L% | fall | 3 | 1Nina | AM | impolite |
| AM-F-1_35impolite | imperative | please | L-H**H-L% | level | 3 | 1Nina | AM | impolite |
| AM-F-1_39impolite | imperative | off | !H**L-L% | fall | 3 | 1Nina | AM | impolite |
| AM-F-1_7polite | imperative | off | L**L-H% | rise | 4 | 1Nina | AM | polite |

图5-4 合并了礼貌度与调型后的数据

### 5.1.3 利用R语言分析数据的方法

下载和安装R语言。在https://cloud.r-project.org/网站下载R语言安装包,本书使用的版本是R-3.5.3-win.exe。在https://rstudio.com/products/rstudio/download/网站下载RStudio,本书使用的版本是RStudio-1.1.456.exe。安装完毕后,运行Rstudio。

数据分析:

(1)各边界调型礼貌度的描述性统计。

首先,新建一个脚本文件(RScript)(见图5-5)。

图5-5 新建R脚本文件

(2)将下列代码复制到这个脚本文件里,点击"Ctrl+Enter",一行一行地运行。第1行命令运行需要较长时间,因为其内容是安装tidyverse, openxlsx, lme4三个程序包。如果之前已经安装过,可以跳过这一行命令,直接运行第2行。

install.packages("tidyverse"); install.packages("openxlsx");
install.packages("lme4") #1行

library(tidyverse); library(openxlsx); library(lme4) #2 行

polite_ native < - read.xlsx("D:/polite_ native.xlsx") #3 行

mean < - polite _ native %>% group _ by ( TONE, SenType) %>%

summarise ( M = mean ( PolPerceived ), SD = sd ( PolPerceived), n = n()) #4 行

mean #5 行

(3) 第 2 行命令是加载 tidyverse，openxlsx，lme4 三个程序包，因为后面的分析需要调用里面的函数。

(4) 第 3 行命令是将数据文件 polite_native.xlsx 读入，命名为"polite_native"。运行前，必须把"数据提取示例文件"目录下的数据文件 polite_native.xlsx 复制到 D 盘根目录下。因为代码（D:/polite_native.xlsx）里面的路径是 D:/。

(5) 第 4 行命令是用 summarise() 函数，套上均值函数 mean() 求礼貌度的平均值和方差。

下面是#5 行命令运行后的结果，其中的礼貌度分数 1 分代表非常不礼貌，7 分为非常礼貌，4 分为中性。PolIntended (politeness - intended) 是指发音人录音时想表达的礼貌类型。

| | SenType | TONE | PolIntended | M | SD | n |
|---|---|---|---|---|---|---|
| 1 | imperative | fall | impolite | 2.69 | 1.29 | 384 |
| 2 | imperative | fall | polite | 3.46 | 0.989 | 256 |
| 3 | imperative | fallrise | polite | 4.06 | 0.929 | 16 |
| 4 | imperative | level | impolite | 3.25 | 1.49 | 48 |
| 5 | imperative | level | polite | 3.5 | 0.874 | 56 |
| 6 | imperative | rise | impolite | 3.29 | 1.47 | 48 |
| 7 | imperative | rise | polite | 3.91 | 1.13 | 152 |
| 8 | statement | fall | impolite | 3.91 | 1.21 | 128 |

| | | | | | |
|---|---|---|---|---|---|
| 9 statement fall | polite | 4.90 | 1.08 | 104 |
| 10 statement fallrise | impolite | 4.1 | 1.25 | 80 |
| 11 statement fallrise | polite | 5.05 | 0.998 | 128 |
| 12 statement level | impolite | 4.12 | 0.835 | 8 |
| 13 statement rise | impolite | 3.96 | 1.23 | 24 |
| 14 statement rise | polite | 5 | 0.535 | 8 |

在陈述句"You could send an email"中，本族语者表达礼貌时使用最多的是降升调（$n=128$），占53%，被感知到的礼貌度也最高（$M=5.05$）；其次是降调（$n=104$），占43%。陈述句的默认语调是降调，因此降调也能较好地表达出礼貌（$M=4.90$）。虽然陈述句中升调也能表达出礼貌（$M=5$），但使用升调（$n=8$）的本族语者极少，仅占3%。没有任何本族语者用平调表达礼貌。

在祈使句"Shut the window"和"Turn the radio off"中，大部分本族语者使用降调（$n=256$），占53%，但总体上都不成功（$M=3.43$）；约32%（$n=152$）的本族语者试图用升调表达礼貌，也不太成功（$M=3.91$）；12%的本族语者（$n=56$）用平调表达礼貌，结果很失败（$M=3.5$）；只有3%的本族语者试图用降升调（$n=16$）表达礼貌，被感知为中性略偏礼貌（$M=4.06$）。由此看来，没有"Please"的祈使句本身就不太礼貌，各种语调手段都难以扭转这种感知。以上是对本研究中的样本所作的描述性分析，并不能对总体做任何推断。要做推断统计，需要拟合回归模型进行预测。

模型拟合过程：

（1）拟合过程代码。

install.packages("tidyverse"); install.packages("openxlsx");

```
install.packages("lme4") #1 行
    library(tidyverse); library(openxlsx); library(lme4) #2 行
    polite_native <- read.xlsx("D:/polite_native.xlsx")    #3 行
    m1 <- glmer(PolPerceived ~ SenType * TONE + PolIntended * TONE + SenType * PolIntended +
        (1 | ITEM) + (1 | RATER), data = polite_native, family = poisson)    #4 行
    summary(m1) #5 行
    m2 <- glmer(PolPerceived ~ SenType * TONE + PolIntended * TONE +
        (1 | ITEM) + (1 | RATER), data = polite_native, family = poisson)    #6 行
    summary(m2) #7 行
    anova(m1, m2) #8 行
    m3 <- glmer(PolPerceived ~ SenType * TONE + PolIntended + TONE +
        (1 | ITEM) + (1 | RATER), data = polite_native, family = poisson)    #9 行
    summary(m3) #10 行
    anova(m2, m3) #11 行
    m4 <- glmer(PolPerceived ~ SenType + PolIntended + TONE +
        (1 | ITEM) + (1 | RATER), data = polite_native, family = poisson)    #12 行
    summary(m4) #13 行
    anova(m3, m4) #14 行
    m5 <- glmer(PolPerceived ~ SenType + PolIntended + TONE +
        (1 | RATER), data = polite_native, family = poisson)
```

#15 行

summary(m5) #16 行

anova(m4,m5) #17 行

首先，由于因变量 PolPerceived 的数值是离散型变量（1，2，3，4，5，6，7），与计数型变量相似，所以必须采用广义线性混合模型（glmer）中的泊松分布模型（family = poisson）。该模型中，句型（SenType）、边界调型（TONE）、发音人想表达的礼貌类型（PolIntended）是固定效应。"1 | ITEM"和"1 | RATER"是随机效应。其中，"ITEM"代表具体句子，"RATER"代表评分员，这样把发音人和句子的差异、评分员的个体差异对礼貌度的影响也考虑其中。模型 m1 是最大模型，包含 3 个交互效应：SenType * TONE + PolIntended * TONE + SenType * PolIntended。

第二，运行#5 行 summary（m1），发现交互效应不显著，因此逐渐减少交互效应，构建模型 m2。

第三，运行 summary（m2）#7 行，结果发现交互效应也不显著。运行 anova（m1，m2）#8 行，发现模型 m1 和 m2 没有显著差异，因此可以在 m2 的基础上再减少交互效应 PolIntended * TONE，构建模型 m3。

第四，运行 summary（m3）#10 行，发现交互效应还是不显著。运行 anova（m2，m3）#11 行，发现 m2 和 m3 没有显著差异。因此，在 m3 基础上去掉交互效应，构建 m4。

第五，运行 summary（m4）#13 行，发现固定效应有显著效应，因此不必再减少固定效应。运行 anova（m3，m4）#14 行，发现 m3 和 m4 没有显著差异，因此保留 m4。但是运行 summary（m4）#13 行显示：畸形拟合（Singular fit）。因此在 m5 中删除了随机效应（1 | ITEM）。

第六，运行 summary（m5）#16 行，显示拟合正常。运行

anova（m4，m5）#17 行，显示 m4 和 m5 无显著差异，因此认为 m5 是最佳模型。

第七，运行 summary（m5）#16 行，结果显示如下：

Fixed effects：

|  | Estimate | Std. Error | z value | Pr( > \| z \| ) |  |
|---|---|---|---|---|---|
| (Intercept) | 1.00239 | 0.05480 | 18.294 | <2e-16 | * * * |
| SenTypestatement | 0.33300 | 0.03407 | 9.773 | <2e-16 | * * * |
| PolIntendedpolite | 0.22536 | 0.02856 | 7.891 | 2.99e-15 | * * * |
| TONEfallrise | 0.06217 | 0.04220 | 1.473 | 0.14071 |  |
| TONElevel | 0.07935 | 0.05489 | 1.446 | 0.14825 |  |
| TONErise | 0.12174 | 0.03929 | 3.098 | 0.00195 | * * |

由于边界调型（TONE）有 4 个，其中降调（fall）是参照水平，因此 TONErise 行显著（$p < 0.05$），意味着升调与降调的礼貌度有显著差异；TONEfallrise 行的 $p = 0.141$，说明升调与降调的礼貌度无显著差异。TONElevel 行的 $p = 0.148$，说明平调与降调的礼貌无显著差异。

用 effect 函数作图：

第一，运行下列代码，用 as.factor 函数把变量 TONE，SenType，PolIntended 变成因子，利用 effect 函数作图。

polite_native$TONE < - as.factor( polite_native$TONE) #20

polite_native$SenType < - as.factor( polite_native$SenType) #21

polite _ native $ PolIntended < - as. factor ( polite _ native $ PolIntended) #22

第二，运行 install.packages（"effects"），安装 effects 函数包，并运行 library（effects），加载 effect 函数包。运行 plot 函数作图。plot 函数中，要把模型 m5 放到里面，按边界调型进行分组作图（见图 5-6）。

install. packages( "effects") #23

library( effects) #24

plot( effect( "TONE", m5), main = "图 5－6 边界调型对礼貌度的贡献") #25

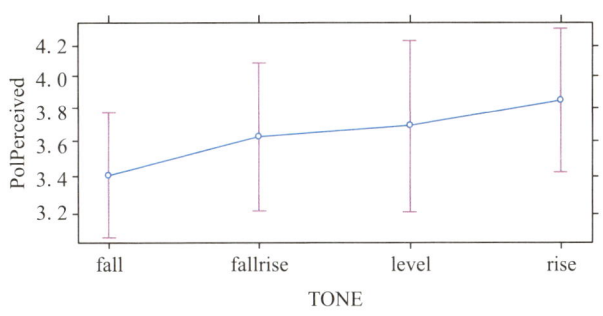

图 5－6　边界调型对礼貌度的贡献

第三，运行下列命令，可以得到模型 m5 对总体的预测数据，即图 5－6 中的数据。其中，options 函数限定了数据的小数位。

options( digits = 2) #26

df <－data. frame( effect( "TONE", m5) ) #27

df #28

下面是所得数据：

| TONE | fit | se | lower | upper |
|---|---|---|---|---|
| fall | 3.4 | 0.18 | 3.1 | 3.8 |
| fallrise | 3.6 | 0.22 | 3.2 | 4.1 |
| level | 3.7 | 0.26 | 3.2 | 4.2 |
| rise | 3.8 | 0.23 | 3.4 | 4.3 |

从图 5－6 可以看出，模型预测，降调和升调对礼貌的贡献差异是最显著的，也就说与降调相比，升调对礼貌度有正面贡献。从降调的句子变为升调的句子，无论是陈述句还是祈使句

(因为模型拟合时发现句型与调型没有显著的交互效应),礼貌度可以提高 0.4,即 13.3%。但是并不能说升调的句子就一定礼貌。实际上,升调句子的均值为 3.8,并不礼貌。95% 的置信区间为 3.4~4.3,也就是说只有部分句子较为礼貌。这说明决定礼貌度的因素除了句末边界调外,还有其他因素。

除了从大量的真实句子中利用回归模型进行预测外,还可以利用韵律移植方法操控语调,进行更加细致的研究。

## 5.2 韵律移植的研究举例

### 5.2.1 方法

从本语料库中选取中国学生表达礼貌的所有句子。用本书"3.1 提取 ToBI 标注信息"的方法,使用脚本程序"ToBI_reader 提取 ToBI 标注数据. praat"提取这些句子的调型特征。由于本研究考察的是语调从降调变成升调之后礼貌度的变化,因此根据 ToBI 标注的边界调型,选取 40 个降调句子。请 25 名本族语评分员(英国 12 人,美国 13 人)对移植前后句子的礼貌度进行评分。仍然采用 1-7 分的语义差异量表(1 分表示非常不礼貌,7 分表示非常礼貌)。根据评分结果,选出中性或不礼貌的句子,共 21 句。

根据 5.1 节中本族语评分员的评分结果,选出最礼貌(礼貌度均大于 6)的句子中能代表各种升调调型的 5 个句子的句尾基频(见图 5-7)作为基频移植的源调型。

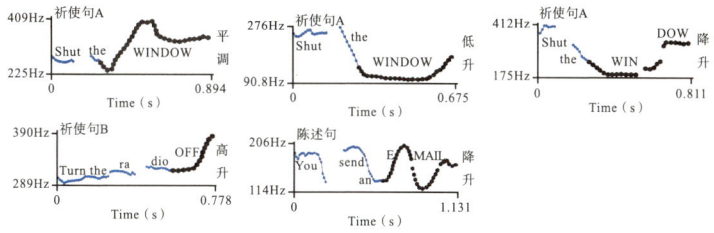

图 5-7 移植的源调型

注：祈使句 A——低升、降升、高升、中平调；祈使句 B——高升；陈述句——降升。黑色粗体部分是最后一个单词，也就是移植的部分。

利用 Transplant_prosody 脚本程序，将图 5-7 中低升、降升等 6 种调型移植到中国学生以降调结尾的句子上，替换中国学生的降调调型，合成新的句子。为确保移植后合成语音的自然度，移植时根据学习者句子倒数第二个词的基频结束位置，将源基频整体向上或向下平移，使移植的基频和学习者的基频实现自然拟合。移植时应保持学习者原来的时长。此外，为减少移植合成技术对实验结果的影响，将学习者自己的基频进行自我移植，合成的语料命名为"SELF"，作为控制条件与获得本族语者基频的句子进行对比。合成语料共计 58 句。

## 5.2.2 韵律移植的方法

下面以降升调的移植为例详细介绍韵律移植的步骤和方法。

在本语料库中，选取一个本族语者较典型的礼貌的降升调句子：AM-M-3_2polite（见图 5-8 和 5-9）。

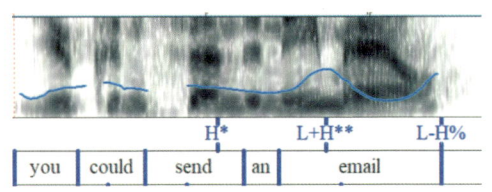

图 5-8 本族语者典型的降升调句子

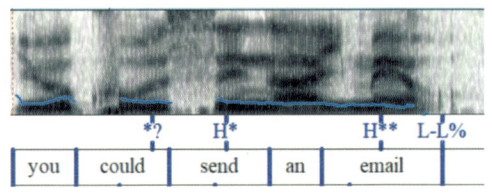

图 5-9 中国学生低降调句子

在中国学生的句子中,选取一些降调的句子,如 C1-M-6_2polite:

双击启动 Praat,点击 Praat Objects 窗口左上角的"Praat"——"Open Praat script",在"语料库相关的 Praat 脚本程序"中,找到"Transplant_prosody"程序,打开。

在打开的 Script 窗口中,设置移植的源文件和目标文件的路径及文件名。这里,以移植"数据提取示例文件"里"prosody clone"文件夹里的句子为例。

先设置需要移植的文件路径,即韵律移植的目标文件:

(1) 双击打开"prosody clone"文件夹,点击箭头处,复制该路径"D:\《学习者英语情态语音数据库》\数据提取示例文件\prosody clone\韵律移植目标文件"(见图 5-10)。

图 5-10　复制移植的目标文件路径

（2）在打开的 Script 窗口里找到"移植目标文件路径"，将其替换为上面复制的真实路径，即"D:\《学习者英语情态语音数据库》\数据提取示例文件\prosody clone\移植目标文件"。

替换前（见图 5-11）：

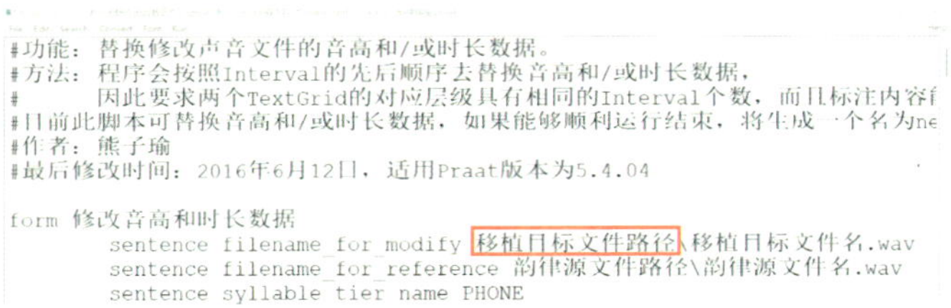

图 5-11　替换前的路径

替换后（见图 5-12）：

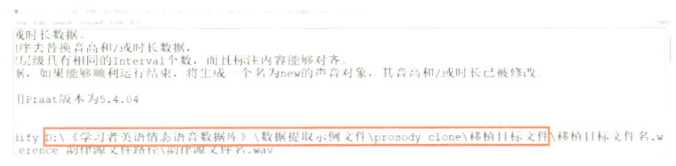

图 5-12　替换后的路径

（3）复制"移植目标文件"里面的声音文件名：C1-M-6_2polite.wav（见图 5-13）。

图 5-13 复制移植目标声音的文件名

(4) 将声音文件名"C1-M-6_2polite.wav"粘贴在路径"D:\《学习者英语情态语音数据库》\数据提取示例文件\prosody clone\移植目标文件\"的后面。注意,声音文件名必须包含扩展名".wav",替换原来的"移植目标文件名.wav"(见图 5-14)。

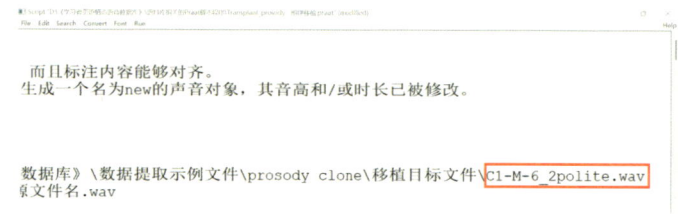

图 5-14 替换后的移植目标声音的文件名

设置"韵律源文件"(即 reference 文件)的路径与上面设置"移植目标文件"的方法类似。

(1) 打开"prosody clone"文件中的"韵律移植源文件",复制该文件夹所在的路径:"D:\《学习者英语情态语音数据库》\数据提取示例文件\prosody clone\韵律移植源文件"(见图 5-15)。

图 5-15 复制移植源文件的路径

(2) 在打开的 Script 窗口里面找到"韵律源文件路径",将其替换为上面复制的真实路径,即"D:\《学习者英语情态语音数据库》\数据提取示例文件\prosody clone\韵律移植源文件"。

替换前(见图 5-16):

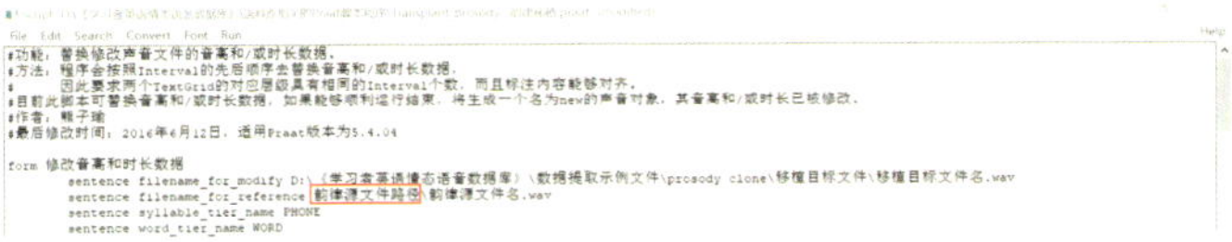

图 5-16　替换前的移植源文件路径

替换后(见图 5-17):

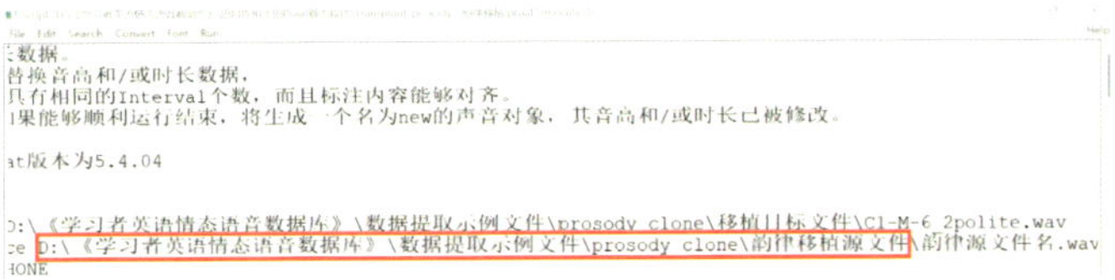

图 5-17　替换后的移植源文件路径

(3) 复制"韵律移植源文件"里的声音文件名:"AM-M-3_2polite.wav"(见图 5-18)。

图 5-18　复制移植源文件声音的文件名

(4) 将声音文件名"AM-M-3_2polite.wav"粘贴在路径"D:\《学习者英语情态语音数据库》\数据提取示例文件\prosody clone\韵律移植源文件"的后面,替换原来的"韵律源文件名.wav"。

替换前（见图 5－19）：

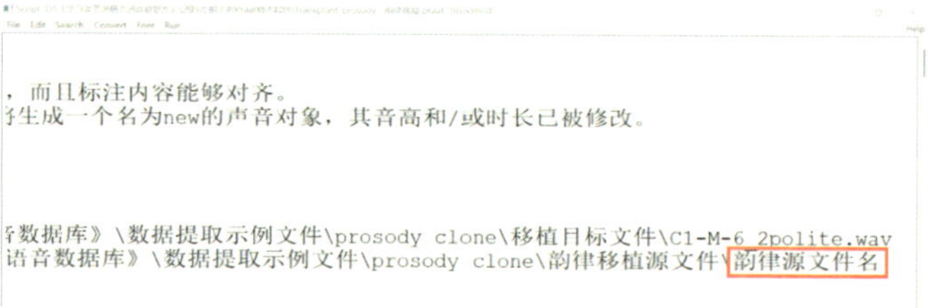

，而且标注内容能够对齐。
犭生成一个名为new的声音对象，其音高和/或时长已被修改。
犭数据库》\数据提取示例文件\prosody clone\移植目标文件\C1-M-6_2polite.wav
语音数据库》\数据提取示例文件\prosody clone\韵律移植源文件\韵律源文件名

**图 5－19　替换前的韵律源文件名**

替换后（见图 5－20）：

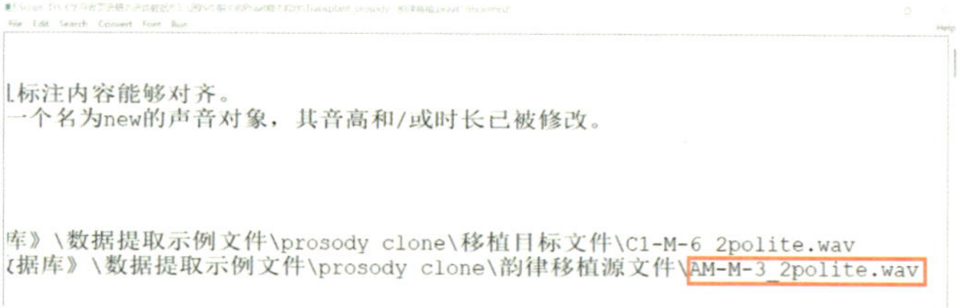

l标注内容能够对齐。
一个名为new的声音对象，其音高和/或时长已被修改。
库》\数据提取示例文件\prosody clone\移植目标文件\C1-M-6_2polite.wav
〈据库》\数据提取示例文件\prosody clone\韵律移植源文件\AM-M-3_2polite.wav

**图 5－20　替换后的源文件声音文件名**

（5）点击脚本窗口左上角的“File”—“Save as”把修改过的脚本另存为一个新的脚本文件。这里暂时取名为“Transplant_ prosody_韵律移植－礼貌. praat”。保存的目的在于保存前面设置好的移植路径。这样移植同样路径下的各个声音文件就不需要再设置路径了（见图 5－21）。

Script "D:\《学习者英语情态语音数据库》\语料库相关的Praat脚本程序\Transplant_prosody--韵律移植.praat" (modified)
File Edit Search Convert Font Run
New Ctrl-N
Open... Ctrl-O
Reopen from disk
Save Ctrl-S
Save as...
Add to fixed menu...
Add to dynamic menu...
Close Ctrl-W
button 仅修改音高
button 仅修改时长
button 同时修改音高与时长

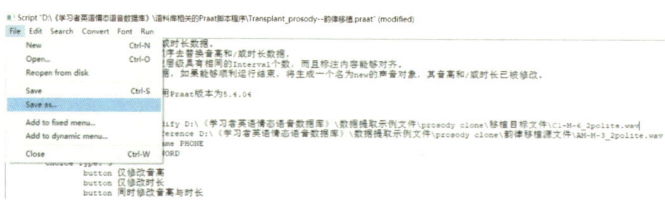

**图 5－21　保存修改后的脚本**

(6) 点击脚本窗口上面的"Run",运行脚本(见图5-22)。

图 5-22 运行脚本

(7) 运行后,在弹出的窗口中进行参数设置:1 和 2。

音节层名(syllable tier name):指韵律移植的目标文件和源文件的 TextGrid 中音节层的名字。本脚本是以音节为最小单位进行移植的。本语料库中 TextGrid 文件没有单独标注音节层,可以用比音节层更小的音段层替代。以音段为单位移植比以音节为单位移植更精确。本库音段层的名字为 PHONE,这里默认为 PHONE,可以不用修改。

单词层名(word tier name):指韵律移植的目标文件和源文件的 TextGrid 中单词层/正则层的名字。本脚本可以针对某个具体词进行移植。本语料库中 TextGrid 文件的单词层名为 WORD,这里默认为 WORD,可以不用修改(见图 5-23)。

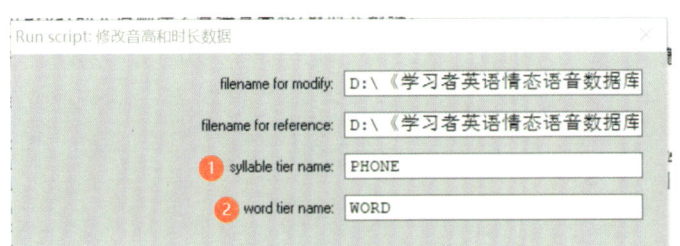

图 5-23 设置音节层和单词层名

但是,由于本库的声音和 TextGrid 文件众多,不排除有少数 TextGrid 文件中的音节层和单词层的文件名拼写有误或没有用大写字母。如果是这样，后期运行时会提示"没有找到音节标注层"（见图5-24）。

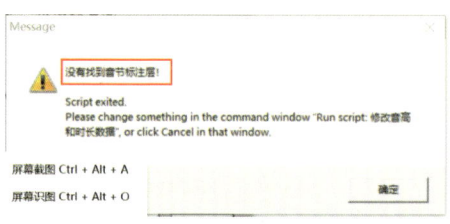

图5-24　错误提示

这时，需要打开目标文件和源文件的 wav 和 TextGrid 文件，查看音节层和单词层的名字。点击"Objects"窗口的"Open"，找到移植的目标文件夹，选中其中的 wav 和 TextGrid 文件，点击打开（见图5-25）。

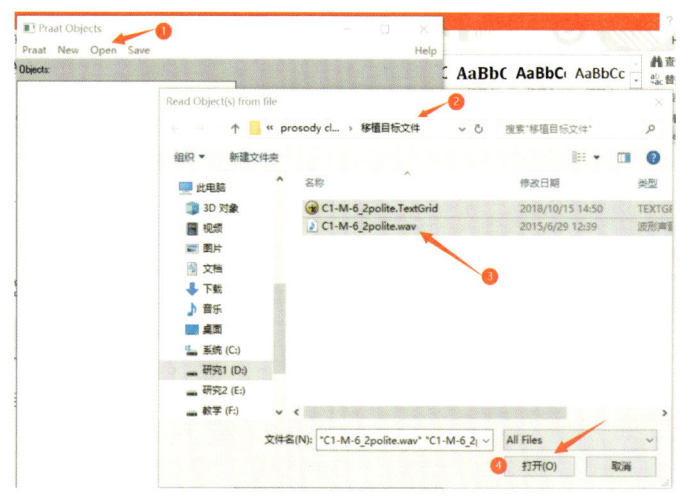

图5-25　打开 wav 和 TextGrid 文件

同时选中 wav 和 TextGrid 文件，点击"View & Edit"，在弹出的窗口中查看音节层和单词层/正则层的名字。这里可以看到：

单词层的名字为"WORD",音段层的名字为"PHONE"(见图5-26)。

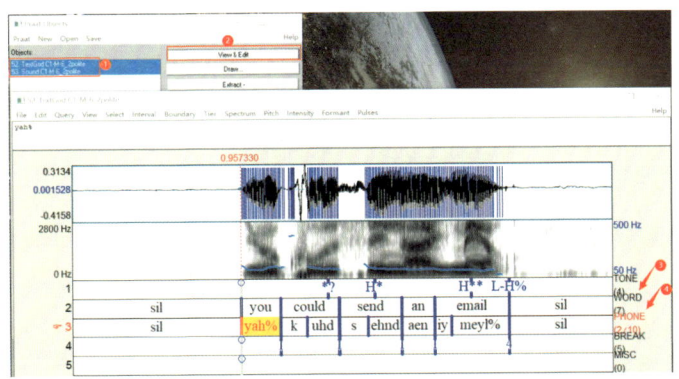

图 5-26 查看词汇和音段层的名字

如果看到的名字与参数设置窗口默认的名字不一致,需要修改 TextGrid 中的层名。选中需要修改名字的层,点击上面的"Tier"—"Rename tier"。完成修改后,保存和替换原来的 TextGrid(见图 5-27)。

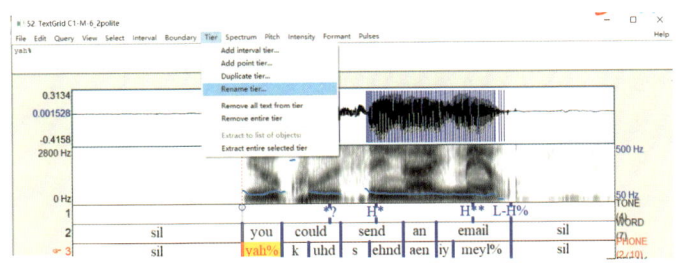

图 5-27 修改标注层的名字

(8)参数设置:3、4、5、6。

Type 提供了 3 种移植方式,即仅修改音高、仅修改时长、同时修改音高和时长。可以根据研究需要进行选择。

"Range"是移植的范围,可以对全句进行移植,也可以只移植某一个具体的词。

如果选择"全句",并设置"Fixed Position of Word"(图5-28中的序号⑤)中默认的位置为0,则对全句进行移植;如果选择"最后一个词",并设置"Fixed Position of Word"中默认的位置为0,则只对句末的最后一词进行移植;如果将"Fixed Position of Word"默认的0改为其他数字,则对"Range"的设置将失去作用,脚本将按"Fixed Position of Word"设置的固定位置进行移植。如果设置为1,则按第1个位置(interval)移植。但因本语料库中所有句子标注的第1个位置(inertval)都是"sil"(silence),第2个位置(interval)才是第1个单词,所以如果要移植第1个单词应该将"Fixed Position of Word"设置为"2"(见图5-28)。

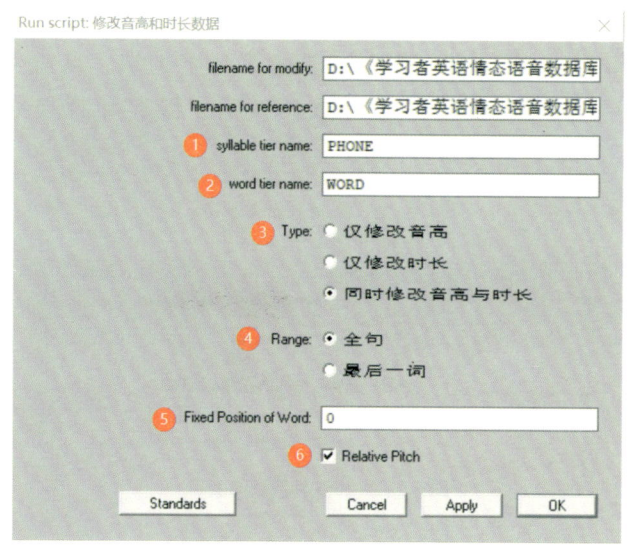

图5-28 设置参数3、4、5、6

"Relative Pitch"是该脚本最妙的地方。在移植时,源声音的平均基频可能和目标声音的平均基频相差太大。这时,如果直接把源文件的基频曲线搬到目标文件里会很不协调。如果勾选"Relative Pitch",则既可以将基频走势移植过来,也可以避免不协调的问题。这个功能对移植全句和移植某个具体单词都有效。

(9)设置完成后,点击"OK"运行即可进行韵律移植。下面是按照上图的参数,以相对音高的方式,全句同时移植音高和时长后的结果。Objects 窗口最下面的"Sound new"就是移植后合成的声音文件。点击"Save",可以保存移植后的声音(见图5-29)。

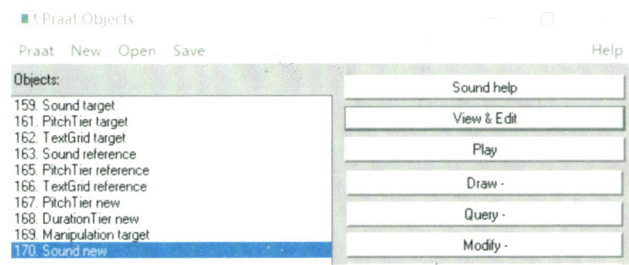

图5-29 移植后的"Sound new"

(10)打开"Sound target"(中国学生的声音),点击"View & Edit";打开"Sound new"(移植后的文件),点击"View & Edit";打开"Sound reference"(美国人的声音),点击"View & Edit",可以对比移植前后的变化。图5-29左上角是每个句子的文件名。

"Sound new"的基频走势从原来"Sound target"变得和"Sound reference"很相似。两者不完全一样的原因是该中国学生原始声音的调域很窄,而该美国人的调域很宽。由于选择的参数是"Relative",即按相对音高方式移植,所以移植后保持了中国学生原来的调域宽度,以保持移植后声音的自然度。

移植后"Sound new"的时长和"Sound reference"的时长变得完全一致了(见图5-30)。

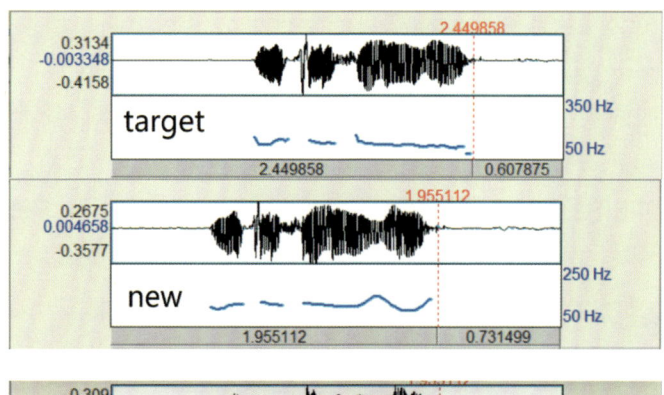
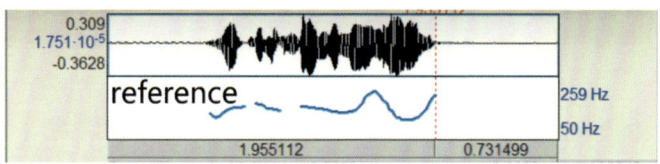

图 5-30 移植后的语调"new"与"reference"及"target"语调的比较

(11) 如果不勾选"Relative",移植后"Sound new"的基频将和"Sound reference"完全一样,如图 5-31 所示。但是,播放合成后的声音会发现自然度不够好。因此,推荐采用相对音高的移植方法。

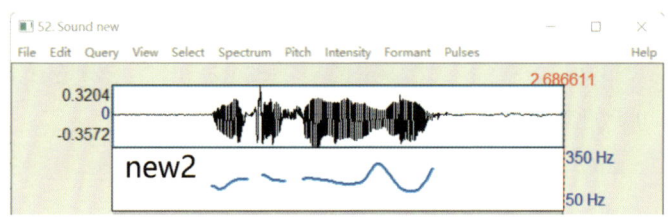

图 5-31 不勾选"Relative"移植的结果

(12) 前面(8)里提到,如果只移植全句的第 1 个单词,则设置"Fixed Position of Word"设置为"2"。运行后,会提示"将修改下一单词的声学参数"。这时点击"Continue"即可移植该单词的韵律(见图 5-32)。移植结果略。

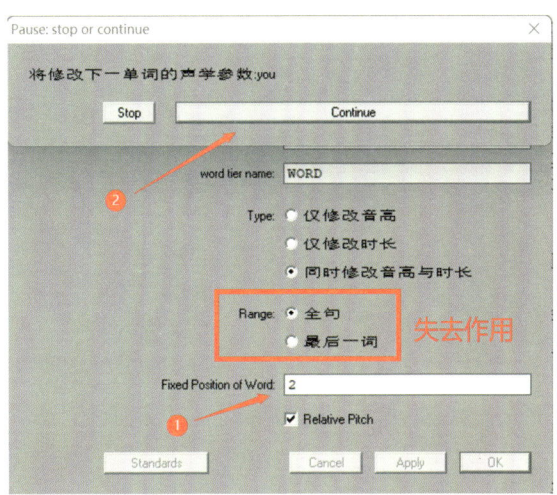

图 5-32　不勾选"Relative"移植的结果

### 5.2.3　数据分析

参照 5.1.3 中的方法，安装 R 语言，新建空白脚本 Script，把下列各行代码复制到脚本中按"Ctrl + Enter"运行。如果#1 行命令中的函数包已经安装，可以跳过#1 行命令。如果没有，则需运行这行命令。

install. packages("tidyverse")；install. packages("lme4")；install. packages("effects")　#1 行

运行第 2 行，加载函数包。

library(tidyverse)；library(lme4) #2 行

把"数据提取示例文件"中的 ProsTrans_rev. csv 复制到 D 盘根目录下，运行#3 行，读取数据。

df < - read. csv("D:/ProsTrans_rev. csv") #3 行

模型拟合过程：

（1）由于因变量 POLITENESS 的数值是离散型变量（1，2，3，4，5，6，7），与计数型变量相似，所以必须采用广义线性

混合模型（glmer）中的泊松分布模型（family = poisson）。模型model 中，TONE（边界调型）是固定效应，（1 | RATER）和（1 | SPEAKER）是随机效应。这样把发音人和评分员的个体差异对礼貌度的影响也考虑其中。运行第4，5，6行：

m1 < - glmer( POLITENESS ~ TONE + ( 1 | RATER) + ( 1 | SPEAKER)，

　　data = df, family = poisson) #4 行

m2 < - glmer( POLITENESS ~ TONE + ( 1 | RATER)，

　　data = df, family = poisson) #5 行 最佳模型

anova( m1, m2) #6 行

（2）m2 是 m1 去掉随机效应（1 | SPEAKER）后的精简版，运行第6行结果显示，m1 和 m2 无显著差异，因此选择保留 m2。m3 是在 m1 的基础上，删除随机效应（1 | RATER）后的模型。运行第7和第8行后，发现 m1 和 m3 有显著差异，说明随机效应（1 | RATER）很重要，不可删除。这样，m2 为最佳模型。

m3 < - glmer( POLITENESS ~ TONE + ( 1 | SPEAKER)，

　　data = df, family = poisson) #7 行

anova( m1, m3) #8 行

结果分析：

（1）运行第9行和10行，安装 emmeans 函数包，并载入。

install. packages( "emmeans") #9 行

library( emmeans) #10 行

（2）运行第11和12行，得到全套成对检验数据。

emms1 < - emmeans( m2, ~ TONE) #11 行

contrast( emms1, interaction = "pairwise")　　#12 行

（3）删除结果中无用的信息，结果整理如下：

TONE_pairwise　　　　　　　　estimate　SE　df z. ratio $p$. value

EmailFallRise - EmailSelf　　-0.104 0.070 Inf -1.480　0.1400
RadioHighRise - RadioSelf　　-0.087 0.046 Inf -1.890　0.0600
WindowFallRise - WindowSelf -0.060 0.040 Inf -1.510　0.1300
WindowLevel - WindowSelf　 -0.012 0.039 Inf -0.290　0.7700
WindowLowRise - WindowSelf -0.046 0.040 Inf -1.150　0.2500

（4）以上结果显示，除了"Turn the radio off"中的高升调与自我移植有边缘性显著（$p = 0.060$）以外，低升调、平调、降升调与自我移植都没有显著差异（$p > 0.05$）。

（5）运行13，14行，把模型中边界调的效应用折线图表示。

library（effects）#13行

plot（effect("TONE", m2), main = " 图5-33 各种边界调型对礼貌度的贡献"）#14行

（6）从图5-33（结合上面的contrast函数结果）可以看出，尽管移植降升调、高升、低升、平调都比自我移植的礼貌度略高，但是差异都没有达到显著性水平。这个结果与5.1.3的结果大致相同。不同之处在于，本研究中高升调与自我移植的礼貌度有边缘性显著差异，而5.1.3中，高升调与降调的句子之间的礼貌度有显著性差异。

由于不同方法的研究结果不完全一致，因此礼貌的边界语调与礼貌度之前的关系还必须进一步深入研究（见图5-33）。

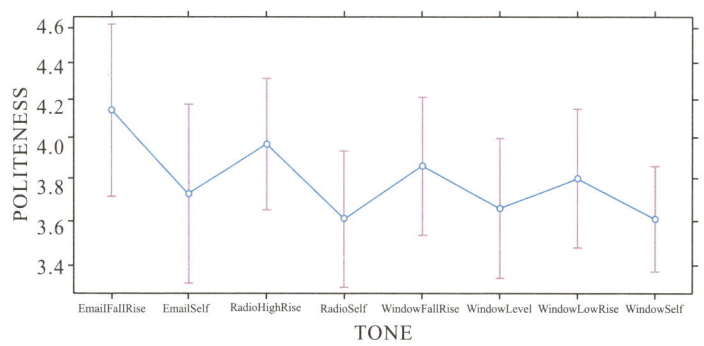

图5-33　各种边界调型对礼貌度的贡献

# 参考文献

黄昭鸣，万萍，2008. 嗓音声学参数与嗓音音质的相关研究［J］. 临床耳鼻喉头颈外科杂志（6）：251-254.

李向伟，方强，李爱军，等，2013. 情感语音的嗓音参数提取与分析［G］//贵阳：第十二届全国人机语音通讯学术会议.

石锋，梁磊，王萍，2010. 汉语普通话陈述句语调的停延率［C］. 潘悟云，沈钟伟，主编. 研究之乐——庆祝王士元先生七十五寿辰学术论文集. 上海：上海教育出版社.

于珏，2013. 中国学生英语朗读节奏模式研究——以母语为杭州话的学习者为例［D］. 杭州：浙江大学.

BATES, MÄCHER, BOLKER, et al., 2015. Fitting linear mixed-effects models using lme4［J］. Journal of statistical software, 67（1）：1-48.

BOLINGER, 1998. Intonation in American English［C］// HIRST, DI CRISTO, Eds. Intonation systems: A survey of twenty languages. Cambridge: Cambridge University Press.

BRUGOS, HUFNAGEL, VEILLEUX, 2006. ToBI "tails" (Final pitch accent, phrase accent & boundary tone combinations)［OL］// JENNIFER. Introduction to prosodic labeling, presession course LSA. 107P. www1.cs.columbia.edu/~jjv（2022-05-23）.

CELCE-MURCIA, BRINTON, GOODWIN, 1996. Teaching pronunciation: A reference for teachers of English to speakers of other languages［M］. New York: Cambridge University Press.

CHEN, 2018. What's in a word sounding sarcastic in British English [J]. Journal of the International Phonetic Association, 48 (1): 57-76.

GASS, VARONIS, 1984. The effect of familiarity on the comprehensibility of nonnative speech [J]. Language learning, 34: 65-89.

HIRST, CRISTO, 1998. Intonation systems: A survey of twenty languages [C]. New York: Cambridge University Press.

NIEBUHR, 2014. 'A little more ironic': Voice quality and segmental reduction differences between sarcastic and neutral utterances [C] // Proceedings of the 7th International Conference on Speech Prosody (SP2014). Dublin: Trinity College Dublin: 608-612.

O'CONNOR, 1967. Better English pronunciation [M]. Cambridge: Cambridge University Press.

O'CONNOR, ARNOLD, 1973. Intonation of colloquial English. $2^{nd}$ ed. [M]. London: Longmans.

SPERBER, WILSON, 1986. Relevance: Communication and cognition [M]. Oxford: Blackwell.

TENCH, 1996. The Intonation systems of English [M]. London: Cassell.

ULDALL, 1960. Attitudinal meanings conveyed by intonation contours [J]. Language and speech, 3 (1): 223-234.

ULDALL, 1964. Dimensions of meaning in intonation [C] // ABERCROMBIE, FRY, MACCARTHY, SCOTT, TRIM, Eds. In honour of Daniel Jones. London: Longmans.

WELLS, J. 2006. English intonation: an introduction [M]. Cambridge: Cambridge University Press.

XU, 2013. ProsodyPro - A tool for large-scale systematic prosody analysis [C] // Proceedings of Tools and Resources for the Analysis of Speech Prosody (TRASP 2013). Aix-en-Provence, France: 7-10.

# 附录1 数据库录音文本

**1. 真诚 sincere**（Uldall，1960，1964）

◇ 情境：Mary 在公交车上捡到一个相机包，跑了很远的路，终于找到了失主 Richard。

◇ Situation/Scenario：Mary found a camera bag on a bus and went far out of her way to find the owner. (*Family Album USA* 1 – 3 17：55)

Mary：Hello, Richard. I found your bag.

Richard：Oh! Thank you! ( ★非常感激 very gratefully)

(O'Cornor, 1967：157, 1977：59；Wells, 2006：66)

**2. 礼貌 polite**

◇ 情境：Cody 有些事想告诉 Smith 老师，因此很想今晚就给老师打电话。但碰巧老师的手机丢了，老师叫他发邮件。

◇ Situation/Scenario：Mr. Smith's cell phone is lost, but Cody urgently needs to speak with him.

Cody：Hello, Mr. Smith. Can I call you tonight?

Teacher：You could send an email. ( ★非常礼貌 very politely)

(Wells, 2006：33)

**3. 热情 warm**（O'Connor and Arnold, 1973, in Tench, 1996：114)

◇ 情境：Mary 是小学五年级学生，放学回家后发现自己有道数学题不会做，就给数学老师 Mr. Smith 打电话求助。

◇ Situation/Scenario: Mary is in the fifth grade. Today she comes back home and is puzzled by a math problem, so she is calling her Math teacher Mr. Smith for help.

Mary: Hello, Mr. Smith, this is Mary. （Celce-Murcia et al., 1996: 194）

Teacher: Oh hi, Mary. How are you? （★非常热情 very warmly）

（Celce-Murcia et al., 1996: 194; Joe 改成了 Mary）

### 4. 抚慰 soothing

◇ 情境：期末考试整整考了一天。Cody 考得不好，心情很低落。爸爸安慰他，让他早点睡觉，明天就没事了。

◇ Situation/Scenario: Cody spent all day taking an important exam and he thinks he did poorly.

Cody: Dad, I'm really tired. I had a bad day.

Father: Go to sleep. （★安慰 soothing）

（Wells, 2006: 64）

### 5. 辩白 self-justifying

◇ 情境：大家做课间操回来，发现教室里有位同学的手机被偷了。当时只有 Cody 在教室里没去做操。大家都怀疑 Cody。

◇ Situation/Scenario: After the interclass exercise, everybody came back to the classroom. Someone found his cell phone stolen. Since Cody was the only one who stayed in the classroom during the class break, everybody started questioning him.

Tom: You were there, weren't you?

Cody: Yes. （★辩白 self-justifying）

（Wells, 2006: 24）

## 6. 安慰 soothing

◇ 情境：Cody 有一道数学题做了无数遍都做不对，倍受打击。

◇ Situation/Scenario：Cody is frustrated because he continuously makes mistakes on a math problem.

Cody：I don't think I can work this out.

Teacher：Keep trying. （★安慰 soothing）

(Cruttenden，2002：97)

## 7. 礼貌 polite

◇ 情境：Mary 听收音机严重影响 Tom 做作业。Tom 忍住心中的不悦，请 Mary 关掉收音机（非常礼貌的语气）。

◇ Situation/Scenario：Cody is distracted from his homework by Mary's radio and is quite annoyed. However, he tries to disguise his irritation and asks Mary to turn the radio off politely.

Mary：Do you like the program?

Tom：Turn the radio off. （★非常礼貌 very politely）

(Tench，1996：98；Cody 改成了 Tom)

## 8. 不耐烦 impatient

◇ 情境：妈妈想给 Cody 的班主任老师打电话询问 Cody 最近在学校的表现，让 Cody 把沙发旁边的电话本递给她，而 Cody 却充耳不闻。

◇ Situation/Scenario：Cody's mother wants to call Cody's teacher to ask about his performance at school recently. She asks Cody to pass her the phonebook, but Cody is reluctant.

Mother：Hand me the phone book, will you?

(Bolinger，1998，in Hirst，1998：51)

Mother：Hand me the phone book! （★很不耐烦 very impatiently）

(Bolinger，1998，in Hirst，1998：51)

Cody：Okay, mom.

### 9. 辩白 self-justifying（Cruttenden，2002：101）

◇ 情境：周末在家，妈妈早上出门前让爸爸上午抽空打扫厨房卫生，但中午到家时发现爸爸躺在沙发上看电视，厨房卫生也没做。

◇ Situation/Scenario：Mom asked dad to clean the kitchen on Sunday morning before leaving home for the market. Unexpectedly, she finds the kitchen messy and dad lying on the sofa, watching TV.

Mother：So you watched television all morning?

Father：Only till eleven.（★辩白 self-justifying）

（Wells，2006：34）

### 10. 不耐烦 impatient

◇ 情境：妈妈出门前多次让 Cody 打扫自己的房间。回家时却发现 Cody 在玩电脑游戏，房间仍然很乱。

◇ Situation/Scenario：Cody's mom has repeatedly asked him to clean his room. She arrives home and finds him playing computer games.

Mother：Could you clean up your room，Cody?

Mother：Could you clean up your room? Cody!（★很不耐烦 very impatient）

Mother：Did you hear me?（★很不耐烦 very impatiently）

（Bolinger，1986：228）

Cody：OK.

### 11. 辩白 self-justifying（Cruttenden，2002：101）

◇ 情境：五一假期，同学们本想好好放松一下，老师却布置了很多作业。Cody 带头起哄。

◇ Situation/Scenario：The holiday is coming, and everybody is hoping to relax, but the teacher has assigned a lot of homework to them. Everybody complains and Cody is the loudest one.

Teacher：Why are you complaining?

Student：It's not just me.（★辩白 self-justifying）

（Wells，2006：31）

## 12. 礼貌 polite

◇ 情境：教室外面很吵，老师请 Cody 把窗户关上（非常礼貌的语气）。

◇ Situation/Scenario: It is noisy outside of the classroom. The teacher politely asks Cody to shut the window.

Teacher: Shut the window. （★非常礼貌 very politely）

(O'Cornor, 1967: 156)

Cody: OK.

## 13. 怀疑 doubtful

◇ 情境：Ann 从来都是滴酒不沾，Betty 却说她在 Tom 的生日聚会上带了一大桶啤酒，Tom 不信。

◇ Situation/Scenario: Ann, who had never even drunk a drop of alcohol in her life, brought a keg of beer to Tom's birthday party. Tom couldn't believe it.

Betty: Ann brought a keg of beer to the party.

Tom: Ann brought what? （★全然不信 very doubtfully）

(Celce-Murcia et al., 1996: 207)

## 14. 感兴趣 interested

◇ 情境：体检的时候，Richard 兴致勃勃地向医生介绍说，自己是个摄影师。医生对此很感兴趣，问了他好些问题。

◇ Situation: During the physical examination, Richard tells the doctor that he is a photographer, and the doctor is really interested.

Richard: I'm a photographer.

Doctor: Are you really? （★非常感兴趣 very interestedly）

(Wells, 2006: 52)

## 15. 保留意见 reservation

◇ 情境：老师在征集春游活动计划。Zack 提出可以到郊外去办烧烤会。Mary 觉得这个建议很好，Cody 却觉得不好。

◇ Situation: The teacher is asking some suggestions for a class outing. Zack suggests going out for a barbecue, which Mary thinks is a great idea, but Cody thinks it is not a good idea.

Mary: What a great idea!

Cody: It does sound great. (★不同意 disagreeing)

(Tench, 1996: 95)

## 16. 怀疑 doubtful

◇ 情境：Mary 不会做饭，连鸡蛋都没有煮过。但母亲节那天，她为妈妈做了一顿饭。

◇ Situation/Scenario: Mary, who never even boiled an egg before, cooked dinner for her mother on Mother's Day.

Mother: Mary cooked dinner for me on Mother's Day.

(Celce-Murcia et al., 1996: 203; John 改成了 Mary)

Father: Mary cooked dinner? (★全然不信 very doubtfully)

(Celce-Murcia et al., 1996: 203; John 改成了 Mary)

## 17. 感兴趣 interested

◇ 情境：Cody 一家去希腊旅行回来，遇到了很久没见的 Mary。Cody 非常激动，兴致勃勃地和 Mary 谈起他在希腊的经历。

◇ Situation/Scenario: Cody runs into Mary who he hasn't seen in a while because he was travelling with his family in Greece. Cody is very excited to share his experience in Greece.

Cody: We had spent almost a month in Greece.

Mary: When did you get back from vacation? （美）(★非常感兴趣 very interestedly)

(O'Cornor, 1967: 154)

Mary: When did you get back from holiday? （英）(★非常感兴趣 very interestedly)

(O'Cornor, 1967: 154)

### 18. 持保留意见 reservation

◇ 情境：妻子看中了一款钱包很动心，但丈夫有点犹豫，因为他们已经买了很多东西了。

◇ Situation/Scenario：The wife sees a new purse that she loves, but the husband is concerned because they have already purchased many items.

Husband：The purse is too expensive.

Wife：It looks expensive. (★不贵 inexpensive)

(Tench, 1996: 90)

### 19. 讥讽 sarcastic

◇ 情境：Zack 本想把教室里受损的相框修好，没想到把相框掉在地上摔成了几块。Cody 嘲笑他。

◇ Situation/Scenario：Zack was trying to repair the damaged photo frame in the classroom, but he accidentally dropped it on the ground and it broke into pieces. Cody laughs at him about it.

Cody：Clever! (★极具讽刺 very sarcastically)

(Cruttenden, 2002: 93)

Zack：Shut up!

### 20. 抚慰 soothing

◇ 情境：妈妈要出国一周，小 Tom 哭着闹着要和妈妈一起去。

◇ Situation/Scenario：Tom's mother is about to go abroad for a week. Little Tom cries for fearing to be left home alone. His mother tries to soothe him.

Tom：Don't leave me alone, mum!

Mom：I'll be back next week! (★抚慰 soothing)

(Cruttenden, 2002: 97)

### 21. 怀疑 doubtful

◇ 情境：Zack 说 Bob 被选为校篮球队成员，Cody 完全不信，因为 Bob 球技很差。

175

◇ Situation/Scenario: Cody is surprised to learn that Bob was selected to play basketball for the school because he is a horrible basketball player.

Zack: Bob said he is going to play basketball for the school.

Cody: What did he tell you? (★全然不信 very doubtfully)

(Celce-Murcia et al., 1996: 204)

## 22. 持保留意见 reservation

◇ 情境：学校开家长会，Mary 的妈妈向老师了解女儿最近在学校的表现。老师对 Mary 表现出担忧，因为尽管 Mary 很努力，但各科考试成绩都很糟糕。

◇ Situation/Scenario: Mary's mother meets her daughter's teacher to get an update on Mary's progress in school. The teacher is concerned because, although Mary is a diligent student, she has done poorly on all her tests.

Mother: Is my daughter a good student?

Teacher: She works very hard. (★表现不好 not good)

(Wells, 2006: 28; 省了"well")

## 23. 讥讽 sarcastic

◇ 情境：Cody 的爸爸准备给自己的岳父大人买一根拐杖作为生日礼物，妈妈嗤之以鼻，因为妈妈知道外公不喜欢用拐杖。

◇ Situation/Scenario: Cody's father is thinking of buying his father-in-law a cane as a birthday gift. However, Cody's mother responds with sarcasm because she knows her father wouldn't like it.

Dad: I'm thinking of buying your father a cane.

Mum: That's a great idea! (★极具讽刺 very sarcastically)

(Celce-Murcia et al., 1996: 211)

## 24. 热情 warm (O'Connor and Arnold, 1973, in Tench, 1996: 114)

◇ 情境：Tom 最喜爱的老师 Smith 到他家参加生日聚会，Tom 非常激动,到门口迎接。

Situation/Scenario: Mr. Smith, Tom's favorite teacher, is invited to Tom's birthday party. Tom warmly welcomes Mr. Smith at the door.

Mr. Smith: Hello, Tom.

Tom: Come on in. (★非常热情 very warmly)

(Tench, 1996: 103)

Tom: Well, hello! Come on in. <24-2> (★非常热情 very warmly)

(Tench, 1996: 103,增加了"Well, hello!")

## 25. 感兴趣 interested

◇ 情境:Tom 打算去欢乐谷(游乐园)玩,给 Mary 也买了一张门票。Mary 非常高兴。

◇ Situation/Scenario: Tom is going to happy valley an amusement park and bought Mary a ticket. Mary is very excited.

Tom: I am going to happy valley an amusement park. I bought you a ticket.

Mary: You really did? (★非常感兴趣 highly interestedly VS sarcastic)

(Celce-Mucia et al., 1996: 214)

## 26. 讥讽 sarcastic

◇ 情境:Zack 刚买了台电脑,在 Cody 面前炫耀。Cody 有些嫉妒,对 Zack 嗤之以鼻。

◇ Situation/Scenario: Zack is bragging about his new computer. Cody responds with sarcasm, because he is a little jealous about it.

Zack: I got a new computer.

Cody: Oh, indeed. How nice for you. (British) (★极具讽刺 very sarcastically)

(Cruttenden, 2001: 269)

Cody: Oh, really. How nice for you. (American) (★极具讽刺 very sarcastically)

(Cruttenden, 2001: 269)

## 27. 真诚 sincere（Uldall, 1960, 1964）

◇ 情境：Cody 与 Mary 在全国围棋比赛中同台竞技，Cody 获得冠军。Cody 要去首都领奖。离别时，尽管 Mary 心里有些嫉妒，还是真诚地与 Cody 道别。

◇ Situation/Scenario: Cody competed with Mary in an important competition and won first prize. He will travel to his state capital to receive the award. Though Mary is a little jealous about it, she gives a sincere wish to Cody when saying goodbye to him.

Mary: Have a nice time! （★非常真诚 very sincerely）

(Tench, 1996: 103)

Cody: Thank you!

## 28. 不耐烦 impatient

◇ 情境：Cody 的妈妈让他去打扫自己房间，但是 Cody 正沉迷于电脑游戏，不愿意去。妈妈对此显得很不耐烦。

◇ Situation/Scenario: Cody's mother asks him to clean his bedroom. Cody is absorbed in playing a computer game and is reluctant to clean the room. His mother becomes very impatient.

Mother: I told you a hundred times to clean your room. （★非常不耐烦 very impatiently）

Do you want me to do it now? （★非常不耐烦 very impatiently）

Cody: Can you?（American）

Cody: OK, mum.（British）

(Celce-Murcia et al., 1996: 184)

## 29. 真诚 sincere（Uldall, 1960, 1964）

◇ 情境：Tom 不小心把咖啡洒在了 Mary 的新电脑上。

◇ Situation/Scenario: Tom accidentally spills coffee on Mary's new computer.

Tom: I'm so sorry. (★非常真诚 very sincerely) (American)

(O'Cornor, 1977: 62)

Tom: I do beg your pardon. (★非常真诚 very sincerely) (British)

(Tench, 1996: 103)

Mary: Oh, no, my new computer.

## 30. 热情 warm (Crystal, 1969, in Tench, 1996: 122)

◇ 情境：自从 Cody 的奶奶去世之后，Cody 的爷爷一个人生活了 5 年。最终，爷爷决定搬过来和 Cody 一家生活，Cody 非常兴奋。

◇ Situation/Scenario: Cody's grandfather has lived alone for five years since his grandmother died. Eventually, his grandfather decides to live with Cody's family. Cody is very excited to see his grandfather.

Cody: Nice to see you, grandpa. (★非常热情 very warmly)

(Tench, 1996: 103；省了"how")

Grandfather: Good to see you also.

## 31. 不诚恳 insincere (Uldall, 1960, 1964)

◇ 情境：Mary 在公交车上捡到了一个相机包，跑了很远的路，终于找到了失主 Richard。这时 Richard 正在忙着接电话，没有太在意 Mary 还包之事，表现得有些怠慢。

◇ Situation/Scenario: Mary found a camera bag on a bus and went far out of her way to find the owner. Richard, who is answering his phone, is too occupied to notice her efforts in returning his bag.

Mary: Hello, Richard. I found your bag.

Richard: Oh! Thank you! (★非常不诚恳 very insincerely)

(O'Cornor, 1967: 157, 1977: 59; Wells, 2006: 66)

## 32. 无礼 impolite

◇ 情境：Cody 有急事想对 Smith 老师说，而老师正忙着备课，叫 Mary 给他发邮件，态度非常不好。

◇ Situation/Scenario: Mr. Smith is very busy at the moment, but Cody urgently needs to speak with him.

Mary: Hello, Mr. Smith. How can I contact you?

Teacher: You could send an email. (★非常无礼 very impolitely)

(Wells, 2006: 39)

## 33. 冷漠 cold (Brown, 1977, in Tench, 1996: 123)

◇ 情境：Mary 与 Smith 老师约好了见面却没去。之后，Mary 打电话给老师致歉，但老师很生气。

◇ Situation/Scenario: Mary had an appointment with Mr. Smith, which she failed to attend. Later, she calls Mr. Smith to apologize. Mr. Smith is angry that she missed the appointment.

Mary: Hello, Mr. Smith, this is Mary.

(Celce-Murcia et al., 1996: 194)

Mr. Smith: Oh hi, Mary. How are you? (★非常冷漠 very coldly)

(Celce-Murcia et al., 1996: 194)

## 34. 不感兴趣 disinterested

◇ 情境：体检的时候，Richard 兴致勃勃地向医生介绍说自己是个摄影师。医生此时忙于记录他的体检结果，对 Richard 的职业不感兴趣。

◇ Situation: During the physical examination, Richard tells the doctor with pride that he is a photographer. The doctor, who is rather busy taking records, showing a disinterest about Richard's profession.

Richard: I'm a photographer.

Doctor: Are you really? (★非常不感兴趣 very disinterestedly)

(Wells, 2006: 52)

## 35. 无礼 impolite

◇ 情境：教室外面很吵闹，老师命令不守纪律的 Cody 关上窗户。

Situation/Scenario: It is noisy outside of the classroom. The teacher tells

Cody, who is being unruly/disorderly/undisciplined, to shut the window.

Teacher: Shut the window, please!（★命令 commanding）

Cody: Okay.

(Wells, 2006: 33; O'Cornor, 1977: 59)

## 36. 冷漠 Cold（Crystal, 1969, in Tench, 1996: 122）

◇ 情境：Mary 上门找 Cody 时受到冷遇，因为此前 Cody 与 Mary 吵过一架。

◇ Situation/Scenario: Cody is unhappy with Mary after quarreling with her. When Mary visits his home, he gives Mary a cold welcome.

Mary: I just wanted to drop by.

Cody: Oh, hi Mary. Welcome.（★非常冷漠 very cold）

(Tench, 1996: 103; 增加了"Oh, hi Mary"）

## 37. 不感兴趣 disinterested

◇ 情境：Cody 一家去希腊旅行回来，遇到了很久没见的 Mary。Cody 非常激动，兴致勃勃地和 Mary 谈起他在希腊的经历。但是 Mary 还在生 Cody 的气，对 Cody 的经历不屑一顾。

◇ Situation/Scenario: Cody runs into Mary who he hasn't seen in a while because he was travelling with his family in Greece. Cody is very excited to share his experience in Greece, but Mary is angry with Cody.

Cody: We had spent almost a month in Greece.

Mary: When did you get back from vacation?（American）

（★非常不感兴趣 very disinterestedly）

Mary: When did you get back from holiday?（British）

（★非常不感兴趣 very disinterestedly）

(O'Cornor, 1967: 154)

## 38. 不诚恳 insincere（Uldall, 1960, 1964）(a little sarcastic)

◇ 情境：Cody 与 Mary 在全国围棋比赛中同台竞技，Cody 获得冠军。Cody 要去首都领奖。Mary 心里有些嫉妒，与 Cody 道别，言不由衷。

◇ Situation/Scenario：Cody competed with Mary in an important competition and won first prize. He will travel to his state capital to receive the award. Mary is a little jealous and gives an insincere wish to Cody when saying goodbye to him.

Mary：Have a nice time！（★非常不诚恳 very insincerely）

(Tench, 1996：103)

Cody：Thank you！

## 39. 无礼 impolite

◇ 情境：Mary 听收音机严重影响了 Tom 做作业，Tom 非常生气，要 Mary 立刻关掉收音机。

◇ Situation/Scenario：Cody is distracted from his homework by Mary's loud radio and is quite annoyed.

Mary：Do you like the program?

Cody：Turn the radio off.（★命令 demanding）

(Tench, 1996：98；有改动)

## 40. 不诚恳 insincere（Uldall, 1960, 1964）

◇ 情境：Cody 在下公交车时，不小心踩到了 Mary 的脚。由于一个重要的考试要迟到了，Cody 随口说了一句对不起就跑掉了，态度很不诚恳。

◇ Situation/Scenario：Cody steps on Mary's foot while leaving the bus in an extreme hurry, because he is late for an important exam.

Cody：I do beg your pardon.（★非常不诚恳 very insincerely）（英）

(Tench, 1996：103)

Cody：I'm so sorry.（★非常不诚恳 very insincerely）（美英）

(Tench, 1996：103；revised)

Mary：Ouch！

注：这里不诚恳道歉一般都伴有讽刺。这个情节中没有讽刺。

**41. 冷漠 cold**（O'Connor and Arnold, 1973, in Tench, 1996: 114）

◇ 情境：Tom 最不喜欢的老师 Smith 上门家访。Tom 虽说请老师进来，态度却很冷漠。

Situation/Scenario：Mr. Smith, Tom's least favorite teacher, arrives at Tom's home to speak with his parents.

Mr. Smith：Hello, Tom.

Tom：Well, hello! Come on in. （★非常冷漠 very coldly）

（Tench, 1996: 103；增加了"Well, hello!"）

**42. 不感兴趣 disinterested**

◇ 情境：Mary 给 Cody 买了一张欢乐谷（游乐场）的门票。但是 Cody 去过很多次了，对此不屑一顾。

◇ Situation/Scenario：Mary bought Cody a ticket to happy valley. Cody has been to happy valley many times and is not interested in going again.

Mary：I am going to happy valley an amusement park. I bought you a ticket.

Cody：You really did?（★非常不感兴趣 very disinterestedly）

（Celce-Murcia et al., 1996: 214）

# 附录 2  数据库检索表

## 1. 情态类型检索表

| 情态类型 | 录音文本 | 文件名 |
|---|---|---|
| sincere | Oh, thank you. | 1sincere（31insincere） |
| | Have a nice time. | 27sincere（38insincere） |
| | I'm so sorry.<br>I do beg your pardon. | 29Am_sincere（40Am_insincere）<br>29Br_sincere（40Br_insincere） |
| insincere | Oh, thank you. | 31insincere（1sincere） |
| | Have a nice time. | 38insincere（27sincere） |
| | I'm so sorry.<br>I do beg your pardon. | 40Am_insincere（29Am_sincere）<br>40Br_insincere（29Br_sincere） |
| warm | Oh hi, Mary. How are you? | 3warm（33cold） |
| | Well, hello! Come on in. | 24−2warm（41cold） |
| | Nice to see you, grandpa. | 30warm |
| cold | Oh hi, Mary. How are you? | 33cold（3warm） |
| | Well, hello! Come on in. | 41cold（24−2warm） |
| | Oh, hi Mary. Welcome. | 36cold |

续表1

| 情态类型 | 录音文本 | 文件名 |
|---|---|---|
| interested | Are you really? | 14interested（34disinterested） |
| | When did you get back from vacation? | 17Am_interested（37Am_disinterested） |
| | When did you get back from holiday? | 17Br_interested（37Br_disinterested） |
| | You really did? | 25interested（42disinterested） |
| disinterested | Are you really? | 34disinterested（14interested） |
| | When did you get back from vacation? | 37Am_disinterested（17Am_interested） |
| | When did you get back from holiday? | 37Br_disinterested（17Am_interested） |
| | You really did? | 42disinterested（25interested） |
| polite | You could send an email. | 2polite（32impolite） |
| | Turn the radio off. | 7polite（39impolite） |
| | Shut the window. | 12polite（35impolite） |
| impolite | You could send an email. | 32impolite（2polite） |
| | Turn the radio off. | 39impolite（7polite） |
| | Shut the window, please! | 35impolite（12polite） |
| impatient | Hand me the phone book! | 8impatient |
| | Did you hear me? | 10impatient |
| | Do you want me to do it now? | 28impatient |
| sarcastic | Clever! | 19sarcastic |
| | That's a great idea! | 23sarcastic |
| | Oh, really. How nice for you. | 26Am_sarcastic |
| | Oh, indeed. How nice for you. | 26Br_sarcastic |

185

续表1

| 情态类型 | 录音文本 | 文件名 |
|---|---|---|
| reservation | It does sound great. | 15 reservation |
|  | It looks expensive. | 18 reservation |
|  | She works very hard. | 22 reservation |
| doubtful | Ann brought what? | 13 doubtful |
|  | Mary cooked dinner? | 16 doubtful |
|  | What did he tell you? | 21 doubtful |
| soothing | Go to sleep. | 4 soothing |
|  | Keep trying. | 6 soothing |
|  | I'll be back next week! | 20 soothing |
| self-justifying | Yes. | 5 self-justifying |
|  | Only till eleven. | 9 self-justifying |
|  | It's not just me. | 11 self-justifying |

## 2. 发音人类型检索表

| Speaker Type | Male 文件名 | Female 文件名 |
|---|---|---|
| Elementary Students | E5 - M | E5 - F |
|  | E6 - M | E6 - F |
| Junior High Students | JH1 - M | JH1 - F |
|  | JH2 - M | JH2 - F |
|  | JH3 - M | JH3 - F |
| Senior High Students | SH1 - M | SH1 - F |
|  | SH2 - M | SH2 - F |
| College Students Non-English Majors | C1 - M | C1 - F |
|  | C2 - M | C2 - F |

续表2

| Speaker Type | Male 文件名 | Female 文件名 |
|---|---|---|
| Graduate Students English Majors | G1 - M | G1 - F |
| | G2 - M | G2 - F |
| | G3 - M | G3 - F |
| American Speakers | AM - M | AM - F |
| British Speakers | BR - M | BR - F |

# 附录3  数据库本族语发音人背景信息

| 发音人编号 | 国籍 | 性别 | 年龄 | 身 份 |
|---|---|---|---|---|
| AM－F－1 | 美国 | 女 | 25 | 研究生 |
| AM－F－2 | 美国 | 女 | 24 | 研究生 |
| AM－M－3 | 美国 | 男 | 35 | 大学教师 |
| AM－M－4 | 美国 | 男 | 23 | 研究生 |
| AM－M－5 | 美国 | 男 | 24 | 研究生 |
| AM－M－6 | 美国 | 男 | 30 | 大学教师 |
| AM－M－7 | 美国 | 男 | 24 | 研究生 |
| AM－M－8 | 美国 | 男 | 23 | 研究生 |
| AM－M－9 | 美国 | 男 | 23 | 研究生 |
| BR－F－10 | 英国 | 女 | 35 | 大学教师 |
| BR－F－11 | 英国 | 女 | 40 | 大学教师 |
| BR－F－12 | 英国 | 女 | 36 | 大学教师 |
| BR－F－13 | 英国 | 女 | 42 | 大学教师 |
| BR－F－14 | 英国 | 女 | 35 | 大学教师 |
| BR－F－15 | 英国 | 女 | 40 | 大学教师 |

续表

| 发音人编号 | 国籍 | 性别 | 年龄 | 身 份 |
|---|---|---|---|---|
| BR－F－16 | 英国 | 女 | 41 | 大学教师 |
| BR－F－17 | 英国 | 女 | 37 | 大学教师 |
| BR－F－18 | 英国 | 女 | 38 | 大学教师 |
| BR－F－19 | 英国 | 女 | 43 | 大学教师 |
| BR－F－20 | 英国 | 女 | 42 | 大学教师 |
| BR－F－21 | 英国 | 女 | 37 | 大学教师 |
| BR－F－22 | 英国 | 女 | 39 | 大学教师 |
| BR－F－23 | 英国 | 女 | 40 | 大学教师 |
| BR－F－24 | 英国 | 女 | 35 | 大学教师 |
| BR－M－25 | 英国 | 男 | 43 | 大学教师 |
| BR－M－26 | 英国 | 男 | 35 | 大学教师 |
| BR－M－27 | 英国 | 男 | 37 | 大学教师 |
| BR－M－28 | 英国 | 男 | 43 | 大学教师 |
| BR－M－29 | 英国 | 男 | 44 | 大学教师 |
| BR－M－30 | 英国 | 男 | 36 | 大学教师 |
| BR－M－31 | 英国 | 男 | 45 | 大学教师 |
| BR－M－32 | 英国 | 男 | 36 | 大学教师 |

# 附录4 数据库中国发音人背景信息

| 发音人 | 层次 | 性别 | 父母职业 | 年龄 | 籍贯 | 英语学习时间 | 学校 | 与本族语者交流的经历 |
|---|---|---|---|---|---|---|---|---|
| C1-F-1 | 本科一年级 | 女 | 下岗工人 | 19 | 吉林长春 | 11年 | 成都理工大学 | 旅游遇到外国人,简单的交流一次 |
| C1-F-2 | 本科一年级 | 女 | 工人 | 20 | 四川南充 | 10年 | 成都理工大学 | 没有 |
| C1-F-3 | 本科一年级 | 女 | 自由职业者 | 18 | 甘肃兰州 | 10年 | 成都理工大学 | 一次简短对话 |
| C1-F-4 | 本科一年级 | 女 | 工人 | 19 | 黑龙江哈尔滨 | 10年 | 成都理工大学 | 小学、高中外教课上交流,与外国友人交流两天 |
| C1-F-5 | 本科一年级 | 女 | 工人 | 19 | 重庆 | 7年 | 成都理工大学 | 上大学以后与外教有过交流 |
| C1-M-10 | 本科一年级 | 男 | 建筑公司经理 | 19 | 四川内江 | 10年 | 成都理工大学 | 没有 |

续表

| 发音人 | 层次 | 性别 | 父母职业 | 年龄 | 籍贯 | 英语学习时间 | 学校 | 与本族语者交流的经历 |
|---|---|---|---|---|---|---|---|---|
| C1-M-11 | 本科一年级 | 男 | 建筑工人 | 19 | 四川广安 | 7年 | 成都理工大学 | 给两个外教做过一次问卷调查 |
| C1-M-12 | 本科一年级 | 男 | 建筑公司经理 | 19 | 四川资阳 | 10年 | 成都理工大学 | 没有 |
| C1-M-6 | 本科一年级 | 男 | 农民 | 20 | 河北石家庄 | 7年 | 成都理工大学 | 高中两次外教课 |
| C1-M-7 | 本科一年级 | 男 | 建筑公司经理 | 19 | 四川仁寿 | 7年 | 成都理工大学 | 没有 |
| C1-M-8 | 本科一年级 | 男 | 工人 | 20 | 黑龙江哈尔滨 | 13年 | 成都理工大学 | 没有 |
| C1-M-9 | 本科一年级 | 男 | 农民 | 18 | 甘肃兰州 | 10年 | 成都理工大学 | 没有 |
| C2-F-13 | 本科二年级 | 女 | 工人 | 20 | 四川眉山 | 8年 | 成都理工大学 | 偶尔有几次交流 |
| C2-F-14 | 本科二年级 | 女 | 工人 | 20 | 四川德阳 | 8年 | 成都理工大学 | 没有 |
| C2-F-15 | 本科二年级 | 女 | 会计 | 20 | 四川成都 | 10年 | 成都理工大学 | 偶尔有几次交流 |
| C2-F-16 | 本科二年级 | 女 | 工人 | 19 | 四川德阳 | 8年 | 成都理工大学 | 没有 |
| C2-F-17 | 本科二年级 | 女 | 电工 | 21 | 四川江油 | 10年 | 成都理工大学 | 两年的外教培训班 |
| C2-F-18 | 本科二年级 | 女 | 工人 | 19 | 四川绵阳 | 8年 | 成都理工大学 | 没有 |

续表

| 发音人 | 层次 | 性别 | 父母职业 | 年龄 | 籍贯 | 英语学习时间 | 学校 | 与本族语者交流的经历 |
|---|---|---|---|---|---|---|---|---|
| C2－F－19 | 本科二年级 | 女 | 退休公务员 | 21 | 四川乐山 | 14年 | 成都理工大学 | 偶尔有几次交流 |
| C2－F－20 | 本科二年级 | 女 | 工人 | 10 | 四川成都 | 5年 | 成都理工大学 | 没有接触过外教 |
| C2－F－21 | 本科二年级 | 女 | 工人 | 21 | 四川遂宁 | 11年 | 成都理工大学 | 没有 |
| C2－F－22 | 本科二年级 | 女 | 工人 | 19 | 四川德阳 | 12年 | 成都理工大学 | 与外国人有几次简短对话 |
| C2－F－23 | 本科二年级 | 女 | 工人 | 19 | 四川遂宁 | 8年 | 成都理工大学 | 没有 |
| C2－M－24 | 本科二年级 | 男 | 工人 | 20 | 四川资阳 | 8年 | 成都理工大学 | 没有 |
| C2－M－25 | 本科二年级 | 男 | 教师 | 20 | 河北邯郸 | 11年 | 成都理工大学 | 偶尔有几次交流 |
| C2－M－26 | 本科二年级 | 男 | 工人 | 20 | 四川资阳 | 8年 | 成都理工大学 | 没有 |
| C2－M－27 | 本科二年级 | 男 | 工人 | 19 | 四川广元 | 8年 | 成都理工大学 | 没有 |
| C2－M－28 | 本科二年级 | 男 | 工人 | 22 | 四川雅安 | 8年 | 成都理工大学 | 偶尔有几次交流 |
| C2－M－29 | 本科二年级 | 男 | 工人 | 20 | 四川乐山 | 8年 | 成都理工大学 | 没有 |
| C2－M－30 | 本科二年级 | 男 | 工人 | 18 | 山西永济 | 8年 | 成都理工大学 | 偶尔有几次交流 |

续表

| 发音人 | 层次 | 性别 | 父母职业 | 年龄 | 籍贯 | 英语学习时间 | 学校 | 与本族语者交流的经历 |
|---|---|---|---|---|---|---|---|---|
| E5-F-10 | 小学五年级 | 女 | 工人 | 11 | 四川大邑 | 5年 | 成都理工大学附属小学 | 一两次交流 |
| E5-F-2 | 小学五年级 | 女 | 工人 | 11 | 四川成都 | 5年 | 成都理工大学附属小学 | 没有 |
| E5-F-3 | 小学五年级 | 女 | 工人 | 11 | 四川成都 | 5年 | 成都理工大学附属小学 | 经常交流 |
| E5-F-4 | 小学五年级 | 女 | 工人 | 10 | 四川成都 | 5年 | 成都理工大学附属小学 | 没有 |
| E5-F-5 | 小学五年级 | 女 | 复印店工人 | 11 | 四川成都 | 5年 | 成都理工大学附属小学 | 没有 |
| E5-F-6 | 小学五年级 | 女 | 工人 | 11 | 四川成都 | 5年 | 成都理工大学附属小学 | 没有 |
| E5-F-7 | 小学五年级 | 女 | 工人 | 11 | 四川成都 | 6年 | 成都理工大学附属小学 | 没有 |
| E5-F-8 | 小学五年级 | 女 | 工人 | 11 | 四川成都 | 5年 | 成都理工大学附属小学 | 没有 |
| E5-F-9 | 小学五年级 | 女 | 工人 | 11 | 四川成都 | 4年 | 成都理工大学附属小学 | 一年的外教培训班，每次上课之余与外教有简单对话 |

续表

| 发音人 | 层次 | 性别 | 父母职业 | 年龄 | 籍贯 | 英语学习时间 | 学校 | 与本族语者交流的经历 |
|---|---|---|---|---|---|---|---|---|
| E5－M－1 | 小学五年级 | 男 | 教师 | 11 | 四川成都 | 5年 | 成华小学 | 有外教 |
| E5－M－11 | 小学五年级 | 男 | 教师 | 10 | 四川攀枝花 | 4年 | 成都理工大学附属小学 | 一年的外教培训班，与外国游客有过交流 |
| E5－M－12 | 小学五年级 | 男 | 工人 | 10 | 四川成都 | 5年 | 成都理工大学附属小学 | 没有 |
| E5－M－13 | 小学五年级 | 男 | 工人 | 11 | 四川成都 | 5年 | 成都理工大学附属小学 | 没有 |
| E5－M－14 | 小学五年级 | 男 | 建筑工人 | 11 | 四川成都 | 5年 | 成都理工大学附属小学 | 一年的外教培训班，每次上课之余与外教有简单对话 |
| E5－M－15 | 小学五年级 | 男 | 工人 | 11 | 四川成都 | 6年 | 成都理工大学附属小学 | 幼儿园时有一年的中外教上课 |
| E5－M－16 | 小学五年级 | 男 | 工人 | 11 | 四川成都 | 6年 | 成都理工大学附属小学 | 没有 |
| E6－F－17 | 小学六年级 | 女 | 工人 | 11 | 四川成都 | 6年 | 成都理工大学附属小学 | 没有 |
| E6－F－18 | 小学六年级 | 女 | 工人 | 11 | 四川成都 | 6年 | 成都理工大学附属小学 | 与外国人有两次简短对话 |

续表

| 发音人 | 层次 | 性别 | 父母职业 | 年龄 | 籍贯 | 英语学习时间 | 学校 | 与本族语者交流的经历 |
|---|---|---|---|---|---|---|---|---|
| E6-F-19 | 小学六年级 | 女 | 工人 | 11 | 四川成都 | 6年 | 成都理工大学附属小学 | 偶尔有几次交流 |
| E6-F-20 | 小学六年级 | 女 | 工人 | 11 | 四川成都 | 6年 | 成都理工大学附属小学 | 偶尔有几次交流 |
| E6-F-21 | 小学六年级 | 女 | 教师 | 11 | 四川成都 | 5年 | 成都理工大学附属小学 | 没有 |
| E6-F-22 | 小学六年级 | 女 | 工人 | 12 | 四川成都 | 年 | 成都理工大学附属小学 | 没有 |
| E6-F-23 | 小学六年级 | 女 | 司机 | 11 | 四川成都 | 6年 | 成都理工大学附属小学 | 没有 |
| E6-F-24 | 小学六年级 | 女 | 工人 | 11 | 四川成都 | 6年 | 成都理工大学附属小学 | 没有 |
| E6-F-25 | 小学六年级 | 女 | 工人 | 11 | 四川成都 | 6年 | 成都理工大学附属小学 | 与外国人有过简短对话 |
| E6-M-26 | 小学六年级 | 男 | 个体经营户 | 11 | 四川成都 | 6年 | 成都理工大学附属小学 | 没有 |
| E6-M-27 | 小学六年级 | 男 | 工程师 | 12 | 四川成都 | 6年 | 成都理工大学附属小学 | 半年的外教培训课，与外教交流过 |

续表

| 发音人 | 层次 | 性别 | 父母职业 | 年龄 | 籍贯 | 英语学习时间 | 学校 | 与本族语者交流的经历 |
|---|---|---|---|---|---|---|---|---|
| E6-M-28 | 小学六年级 | 男 | 工人 | 12 | 四川资阳 | 6年 | 成都理工大学附属小学 | 没有 |
| E6-M-29 | 小学六年级 | 男 | 教师会计 | 11 | 四川成都 | 6年 | 成都理工大学附属小学 | 在外教培训班与外教交流过一次 |
| G1-F-1 | 英专研究生一年级 | 女 | 工人 | 23 | 浙江温州 | 11年 | 成都理工大学 | 偶尔与外教交流 |
| G1-F-10 | 英专研究生一年级 | 女 | 公务员医生 | 23 | 山西长治 | 11年 | 成都理工大学 | 大学以来与外教有多次接触和交流 |
| G1-F-11 | 英专研究生一年级 | 女 | 个体经营户 | 24 | 四川眉山 | 11年 | 成都理工大学 | 大学以来与外教有多次接触和交流 |
| G1-F-12 | 英专研究生一年级 | 女 | 工人 | 23 | 江苏南京 | 11年 | 成都理工大学 | 偶尔与外教交流 |
| G1-F-13 | 英专研究生一年级 | 女 | 工人 | 23 | 山东泰安 | 11年 | 成都理工大学 | 偶尔与外教交流 |
| G1-F-14 | 英专研究生一年级 | 女 | 教师 | 23 | 河南洛阳 | 10年 | 成都理工大学 | 经常交流 |

续表

| 发音人 | 层次 | 性别 | 父母职业 | 年龄 | 籍贯 | 英语学习时间 | 学校 | 与本族语者交流的经历 |
|---|---|---|---|---|---|---|---|---|
| G1-F-15 | 英专研究生一年级 | 女 | 工人 | 23 | 四川西昌 | 11年 | 成都理工大学 | 从初中到本科一直接受外教口语课程，与外教及外国人有多次交流 |
| G1-F-16 | 英专研究生一年级 | 女 | 工人 | 23 | 甘肃兰州 | 11年 | 成都理工大学 | 偶尔与外教交流 |
| G1-F-17 | 英专研究生一年级 | 女 | 公司员工 | 23 | 湖北荆州 | 11年 | 成都理工大学 | 没有 |
| G1-F-2 | 英专研究生一年级 | 女 | 工人 | 23 | 江西萍乡 | 12年 | 成都理工大学 | 偶尔与外教交流 |
| G1-F-3 | 英专研究生一年级 | 女 | 会计 | 23 | 四川成都 | 10年 | 成都理工大学 | 没有 |
| G1-F-4 | 英专研究生一年级 | 女 | 教师 | 22 | 安徽临水 | 11年 | 成都理工大学 | 偶尔与外教交流 |
| G1-F-5 | 英专研究生一年级 | 女 | 教师 | 23 | 四川成都 | 14年 | 成都理工大学 | 本科上过外教课，经常与外教接触；读研以后很少接触 |
| G1-F-6 | 英专研究生一年级 | 女 | 工人 | 23 | 云南昆明 | 10年 | 成都理工大学 | 偶尔与外教交流 |

续表

| 发音人 | 层次 | 性别 | 父母职业 | 年龄 | 籍贯 | 英语学习时间 | 学校 | 与本族语者交流的经历 |
|---|---|---|---|---|---|---|---|---|
| G1-F-7 | 英专研究生一年级 | 女 | 电工 | 21 | 四川江油 | 10年 | 成都理工大学 | 2年的外教培训班；英语培训机构做外教的助教 |
| G1-F-8 | 英专研究生一年级 | 女 | 工人 | 24 | 四川遂宁 | 12年 | 成都理工大学 | 研一时偶尔与外教交流 |
| G1-F-9 | 英专研究生一年级 | 女 | 公务员医生 | 23 | 云南昆明 | 17年 | 成都理工大学 | 大学四年和研一经常与外教交流 |
| G1-M-18 | 英专研究生一年级 | 男 | 农民 | 25 | 陕西宝鸡 | 12年 | 成都理工大学 | 经常与学校外教、国外的商人，国外的学者交流 |
| G1-M-19 | 英专研究生一年级 | 男 | 工人 | 23 | 陕西西安 | 11年 | 成都理工大学 | 研一时偶尔与外教交流 |
| G1-M-20 | 英专研究生一年级 | 男 | 公务员 | 27 | 福建莆田 | 10年 | 成都理工大学 | 与外教共同教学 |
| G2-F-21 | 英专研究生二年级 | 女 | 工人 | 24 | 湖北武汉 | 10年 | 成都理工大学 | 研一时偶尔与外教交流 |
| G2-M-22 | 英专研究生二年级 | 男 | 公务员 | 20 | 四川雅安 | 10年 | 成都理工大学 | 初中高中外教课上课后交流 |

续表

| 发音人 | 层次 | 性别 | 父母职业 | 年龄 | 籍贯 | 英语学习时间 | 学校 | 与本族语者交流的经历 |
|---|---|---|---|---|---|---|---|---|
| G2-M-23 | 英专研究生二年级 | 男 | 工人 | 24 | 云南昆明 | 12年 | 成都理工大学 | 研一和研二时偶尔与外教交流 |
| G2-M-24 | 英专研究生二年级 | 男 | 农民 | 25 | 四川广元 | 12年 | 成都理工大学 | 英语角与外教交流；在财富论坛做过志愿者；陪同翻译 |
| G3-F-25 | 英专研究生三年级 | 女 | 研究员 | 24 | 河南洛阳 | 15年 | 成都理工大学 | 只有参加翻译陪同才会与外国人有交流 |
| G3-F-26 | 英专研究生三年级 | 女 | 工人 | 28 | 山西忻州 | 15年 | 成都理工大学 | 偶尔有几次交流 |
| G3-F-27 | 英专研究生三年级 | 女 | 工人 | 25 | 甘肃兰州 | 15年 | 成都理工大学 | 偶尔有几次交流 |
| G3-F-28 | 英专研究生三年级 | 女 | 农民 | 25 | 四川安岳 | 13年 | 成都理工大学 | 有外教课；在财富论坛做过涉外志愿者；与外商交流 |
| JH1-F-1 | 初中一年级 | 女 | 工人 | 12 | 四川成都 | 7年 | 七中育才学校 | 经常交流 |
| JH1-F-2 | 初中一年级 | 女 | 工人 | 12 | 四川成都 | 7年 | 石室中学北湖校区 | 5年的外教培训班；学校有外教课 |

续表

| 发音人 | 层次 | 性别 | 父母职业 | 年龄 | 籍贯 | 英语学习时间 | 学校 | 与本族语者交流的经历 |
|---|---|---|---|---|---|---|---|---|
| JH1-F-3 | 初中一年级 | 女 | 工人 | 13 | 四川成都 | 7年 | 石室中学北湖校区 | 偶尔有几次交流 |
| JH1-F-4 | 初中一年级 | 女 | 工人 | 11 | 四川成都 | 7年 | 石室中学北湖校区 | 偶尔有几次交流 |
| JH1-F-5 | 初中一年级 | 女 | 工人 | 13 | 四川成都 | 7年 | 石室中学北湖校区 | 偶尔有几次交流 |
| JH1-F-6 | 初中一年级 | 女 | 工人 | 13 | 四川成都 | 7年 | 石室中学北湖校区 | 偶尔有几次交流 |
| JH1-F-7 | 初中一年级 | 女 | 工人 | 13 | 四川资中 | 7年 | 石室中学北湖校区 | 5年的外教培训班；学校有外教课 |
| JH1-M-10 | 初中一年级 | 男 | 工人 | 12 | 四川成都 | 7年 | 石室中学北湖校区 | 偶尔有几次交流 |
| JH1-M-11 | 初中一年级 | 男 | 工人 | 13 | 四川自贡 | 7年 | 石室中学北湖校区 | 偶尔有几次交流 |
| JH1-M-8 | 初中一年级 | 男 | 工人 | 13 | 四川成都 | 7年 | 石室中学北湖校区 | 偶尔有几次交流 |
| JH1-M-9 | 初中一年级 | 男 | 教师 | 12 | 四川成都 | 7年 | 树德中学外国语校区 | 偶尔有几次交流 |
| JH2-F-12 | 初中二年级 | 女 | 个体经营户 | 13 | 四川仁寿 | 5年 | 龙泉八中 | 参加过三次有外教的冬令营 |
| JH2-F-13 | 初中二年级 | 女 | 工人 | 14 | 四川成都 | 5年 | 龙泉八中 | 学校有外教 |
| JH2-F-14 | 初中二年级 | 女 | 教师 | 12 | 四川成都 | 7年 | 龙泉八中 | 学校有外教 |

续表

| 发音人 | 层次 | 性别 | 父母职业 | 年龄 | 籍贯 | 英语学习时间 | 学校 | 与本族语者交流的经历 |
|---|---|---|---|---|---|---|---|---|
| JH2－F－15 | 初中二年级 | 女 | 工人 | 14 | 四川成都 | 5年 | 龙泉八中 | 学校有外教 |
| JH2－F－16 | 初中二年级 | 女 | 个体经营户 | 13 | 浙江温州 | 4年 | 龙泉八中 | 参加过3次有外教的冬令营 |
| JH2－F－17 | 初中二年级 | 女 | 工程师教师 | 14 | 四川成都 | 8年 | 树德中学外国语校区 | 1年的英语外教培训 |
| JH2－F－18 | 初中二年级 | 女 | 工人 | 13 | 四川成都 | 8年 | 树德中学外国语校区 | 偶尔有几次交流 |
| JH2－F－30 | 初中二年级 | 女 | 外勤 | 13 | 四川绵阳 | 6年 | 石室中学北湖校区 | 一个暑假的外教培训课 |
| JH2－M－19 | 初中二年级 | 男 | 教师 | 15 | 四川成都 | 9年 | 成都列五中学 | 初中时与外教交流过一次 |
| JH2－M－20 | 初中二年级 | 男 | 工人 | 14 | 四川成都 | 5年 | 龙泉八中 | 学校有外教 |
| JH2－M－21 | 初中二年级 | 男 | 保险营业员工人 | 13 | 四川成都 | 5年 | 龙泉八中 | 学校有外教 |
| JH2－M－22 | 初中二年级 | 男 | 工人 | 13 | 四川成都 | 5年 | 龙泉五中 | 与外教有过两次简短对话 |
| JH2－M－23 | 初中二年级 | 男 | 工人 | 14 | 四川成都 | 5年 | 龙泉八中 | 学校有外教 |

续表

| 发音人 | 层次 | 性别 | 父母职业 | 年龄 | 籍贯 | 英语学习时间 | 学校 | 与本族语者交流的经历 |
|---|---|---|---|---|---|---|---|---|
| JH2-M-24 | 初中二年级 | 男 | 教师 | 13 | 四川成都 | 7年 | 树德中学外国语校区 | 到美国旅游过一个月 |
| JH2-M-25 | 初中二年级 | 男 | 工人 | 14 | 四川成都 | 5年 | 龙泉八中 | 学校有外教 |
| JH2-M-26 | 初中二年级 | 男 | 工人 | 14 | 四川成都 | 5年 | 龙泉八中 | 参加有外教的英语夏令营一次，与外交有交谈 |
| JH2-M-31 | 初中二年级 | 男 | 工人 | 14 | 四川成都 | 9年 | 石室中学北湖校区 | 偶尔有几次交流 |
| JH3-F-27 | 初中三年级 | 女 | 教师 | 14 | 四川成都 | 9年 | 石室中学北湖校区 | 偶尔有几次交流 |
| JH3-M-28 | 初中三年级 | 男 | 教师 | 15 | 四川成都 | 9年 | 石室中学北湖校区 | 偶尔有几次交流 |
| JH3-M-29 | 初中三年级 | 男 | 教师 | 12 | 四川成都 | 9年 | 石室中学北湖校区 | 偶尔有几次交流 |
| SH1-F-1 | 高中一年级 | 女 | 工人 | 16 | 四川成都 | 10年 | 成都列五中学 |  |
| SH1-F-10 | 高中一年级 | 女 | 石油公司管理人员 | 15 | 四川成都 | 9年 | 石室外国语中学 | 一年的外教培训班 |
| SH1-F-11 | 高中一年级 | 女 | 工人 | 15 | 四川成都 | 7年 | 石室中学北湖校区 | 没有 |
| SH1-F-12 | 高中一年级 | 女 | 工人 | 16 | 四川成都 | 10年 | 西南交通大学附属中学 | 偶尔有几次交流 |

续表

| 发音人 | 层次 | 性别 | 父母职业 | 年龄 | 籍贯 | 英语学习时间 | 学校 | 与本族语者交流的经历 |
|---|---|---|---|---|---|---|---|---|
| SH1－F－13 | 高中一年级 | 女 | 官员 | 16 | 四川成都 | 10年 | 成都外国语学校 | 学校有外教课 |
| SH1－F－14 | 高中一年级 | 女 | 工人 | 16 | 四川成都 | 10年 | 北京师范大学成都实验中学 | 偶尔有几次交流 |
| SH1－F－15 | 高中一年级 | 女 | 工人 | 16 | 四川成都 | 10年 | 北京师范大学成都实验中学 | 偶尔有几次交流 |
| SH1－F－16 | 高中一年级 | 女 | 工人 | 16 | 浙江温州 | 7年 | 北京师范大学成都实验中学 | 偶尔有几次交流 |
| SH1－F－17 | 高中一年级 | 女 | 自由职业者 | 16 | 四川成都 | 10年 | 北京师范大学成都实验中学 | 十几次外教课 |
| SH1－F－18 | 高中一年级 | 女 | 保险代理人 | 16 | 四川成都 | 10年 | 成都列五中学 | 学校有外教，社会活动时与外国人对话 |
| SH1－F－19 | 高中一年级 | 女 | 工人 | 16 | 四川成都 | 10年 | 成都列五中学 | 学校有外教课，每星期一次 |
| SH1－F－2 | 高中一年级 | 女 | 工人 | 16 | 四川遂宁 | 8年 | 西南交通大学附属中学 | 偶尔有几次交流 |
| SH1－F－3 | 高中一年级 | 女 | 警察 | 16 | 四川成都 | 10年 | 成都列五中学 | 学校有外教课，每星期一次 |
| SH1－F－4 | 高中一年级 | 女 | 企业投资人 | 16 | 四川成都 | 4年 | 西南交大附中 | 有一年的外教课 |

续表

| 发音人 | 层次 | 性别 | 父母职业 | 年龄 | 籍贯 | 英语学习时间 | 学校 | 与本族语者交流的经历 |
|---|---|---|---|---|---|---|---|---|
| SH1-F-5 | 高中一年级 | 女 | 工人 | 16 | 四川成都 | 10年 | 西南交大附中 | 有一年的外教课 |
| SH1-F-6 | 高中一年级 | 女 | 工人 | 16 | 四川成都 | 10年 | 成都列五中学 | 学校有外教课,每星期一次 |
| SH1-F-7 | 高中一年级 | 女 | 国企员工 | 16 | 湖北武汉 | 16年 | 石室中学北湖校区 | 偶尔有几次交流 |
| SH1-F-8 | 高中一年级 | 女 | 自由职业者 | 16 | 四川成都 | 11年 | 北京师范大学成都实验中学 | 初中两年的外教课,去川大英语角交流五次左右;培训班有外教课 |
| SH1-F-9 | 高中一年级 | 女 | 糕点师 | 16 | 四川成都 | 7年 | 四川师范大学附属中学 | 学校的外教 |
| SH1-M-20 | 高中一年级 | 男 | 工人 | 15 | 四川成都 | 10年 | 成都列五中学 | 学校有外教课,每星期一次 |
| SH1-M-21 | 高中一年级 | 男 | 英语教师 | 16 | 四川成都 | 10年 | 树德中学外国语校区 | 偶尔有几次交流 |
| SH1-M-22 | 高中一年级 | 男 | 警察 | 16 | 四川成都 | 10年 | 西南交通大学附属中学 | 学校有外教课 |
| SH1-M-23 | 高中一年级 | 男 | 教师 | 16 | 四川内江 | 4年 | 西南交通大学附属中学 | 初中有外教课 |

续表

| 发音人 | 层次 | 性别 | 父母职业 | 年龄 | 籍贯 | 英语学习时间 | 学校 | 与本族语者交流的经历 |
|---|---|---|---|---|---|---|---|---|
| SH1-M-24 | 高中一年级 | 男 | 工人 | 15 | 四川成都 | 9年 | 西南交通大学附属中学 | 偶尔有几次交流 |
| SH1-M-25 | 高中一年级 | 男 | 工人 | 15 | 四川成都 | 10年 | 成都列五中学 | 学校有外教课，每星期一次 |
| SH1-M-26 | 高中一年级 | 男 | 会计 | 16 | 四川遂宁 | 10年 | 北京师范大学成都实验中学 | 初中有外教课 |
| SH2-F-27 | 高中二年级 | 女 | 工人 | 17 | 四川成都 | 11年 | 石室中学北湖校区 | 偶尔有几次交流 |
| SH2-M-28 | 高中二年级 | 男 | 工人 | 17 | 四川成都 | 11年 | 石室中学北湖校区 | 偶尔有几次交流 |
| SH2-M-29 | 高中二年级 | 男 | 工人 | 16 | 四川成都 | 11年 | 石室中学北湖校区 | 7年的外教培训班 |

# 附录 5　提取 ToBI 标注数据的脚本程序代码

熊子瑜

form 对话框
　　sentence file_path D:\《学习者英语情态语音数据库》\数据提取示例文件\sincerity\
　　sentence vowel_marker_list aiueo
　　positive tone_tier 1
　　positive word_tier 2
　　positive phone_tier 3
　　positive break_tier 4
endform

Text reading preferences: "UTF-8"
Text writing preferences: "UTF-8"

Create TextGrid: 0, 1, "Mary John bell", "bell"
select all
Remove

```
Create Strings as file list: "fileList", "'file_path$'*.TextGrid"
fNums = Get number of strings
sfn$ = file_path$ + "allData.txt"
filedelete 'sfn$'
fileappend "'sfn$'"文件名'tab$'音素序号'tab$'音素'tab$'音素起点时间'tab$'音素末点时间'tab$'是否为元音'tab$'音素末边界类型'tab$'音素内音高重音类型'tab$'
fileappend "'sfn$'"所在词语序号'tab$'所在词语'tab$'词语起点时间'tab$'词语末点时间'tab$'词末边界类型'tab$'词内音高重音类型'tab$'
fileappend "'sfn$'" 'newline$'

for f from 1 to fNums
    selectObject: "Strings fileList"
    fName$ = Get string: 'f'
    tfName$ = file_path$ + fName$
    sfName$ = file_path$ + fName$ - ".TextGrid" + ".wav"
    if fileReadable( tfName$) and fileReadable( sfName$)
        Read from file: "'tfName$'"
        curName$ = selected$( "TextGrid")
        Read from file: "'sfName$'"

        call GetData

        select all
        minus Strings fileList
        Remove
```

```
        endif
    endfor


procedure GetData
    selectObject: "TextGrid 'curName$'"
    iNum = Get number of intervals: 'phone_tier'
    paNums = Get number of points: 'tone_tier'
    for i from 1 to iNum
        data$ = curName$ + tab$ + fixed$( i, 0) + tab$
        pst = Get start point: 'phone_tier', 'i'
        pet = Get end point: 'phone_tier', 'i'
        plab$ = Get label of interval: 'phone_tier', 'i'
        data$ = data$ + plab$ + tab$ + fixed$( pst, 3) + tab$ + fixed$( pet, 3) + tab$
        isVowel = 0
        if plab$! = "sil"
            for k from 1 to length( plab$)
                txt$ = mid$( plab$, k, 1)
                if index( vowel_marker_list$, txt$) > 0
                    isVowel = 1
                    k = 999999
                endif
            endfor
        endif
        data$ = data$ + fixed$( isVowel, 0) + tab$

        t = pet
```

```
bpos = Get nearest index from time: 'break_tier', 't'
btime = Get time of point: 'break_tier', 'bpos'
if btime = t
    blab$ = Get label of point: 'break_tier', 'bpos'
else
    blab$ = "0"
endif
data$ = data$ + blab$ + tab$

t = pst
bpos = Get nearest index from time: 'tone_tier', 't'
btime = pst
blab$ = ""
while btime < = pet and bpos < = paNums
    btime = Get time of point: 'tone_tier', 'bpos'
    if btime > = pst and btime < = pet
        clab$ = Get label of point: 'tone_tier', 'bpos'
        if blab$ = ""
            blab$ = clab$
        else
            blab$ = blab$ + " && " + clab$
        endif
    endif
    bpos = bpos + 1
endwhile
if blab$ = ""
    blab$ = "NULL"
```

endif

data$ = data$ + blab$ + tab$

t = pet − 0.001

wpos = Get interval at time: 'word_tier', 't'

wst = Get start point: 'word_tier', 'wpos'

wet = Get end point: 'word_tier', 'wpos'

wlab$ = Get label of interval: 'word_tier', 'wpos'

data$ = data$ + fixed$( wpos, 0) + tab$ + wlab$ + tab$ + fixed$ ( wst, 3) + tab$ + fixed$( wet, 3) + tab$

t = wet

bpos = Get nearest index from time: 'break_tier', 't'

btime = Get time of point: 'break_tier', 'bpos'

if btime = t

  blab$ = Get label of point: 'break_tier', 'bpos'

else

  blab$ = "0"

endif

data$ = data$ + blab$ + tab$

t = wst

bpos = Get nearest index from time: 'tone_tier', 't'

btime = wst

blab$ = ""

while btime < = wet and bpos < = paNums

  btime = Get time of point: 'tone_tier', 'bpos'

```
            if btime > = wst and btime < = wet
                    clab$ = Get label of point: 'tone_tier', 'bpos'
                    if blab$ = ""
                            blab$ = clab$
                    else
                            blab$ = blab$ + " && " + clab$
                    endif
            endif
            bpos = bpos + 1
        endwhile
        if blab$ = ""
            blab$ = "NULL"
        endif
        data$ = data$ + blab$ + newline$
        fileappend "'sfn$'" 'data$'
    endfor
endproc
```

# 附录6　韵律移植 Praat 脚本程序代码

熊子瑜

功能：替换修改声音文件的音高和/或时长数据。

方法：程序会按照 Interval 的先后顺序去替换音高和/或时长数据，因此要求两个 TextGrid 的对应层级具有相同的 Interval 个数，而且标注内容能够对齐。

目前此脚本可替换音高和/或时长数据，如果能够顺利运行结束，将生成一个名为"new"的声音对象，其音高和/或时长已被修改。

此脚本最后修改时间为 2016 年 6 月 12 日，适用 Praat 版本为 5.4.04。

```
form 修改音高和时长数据
    sentence filename_for_modify C:\ Users \ dell \ Desktop \ 移植 M \ Guan1. wav
    sentence filename_for_reference C:\ Users \ dell \ Desktop \ 移植 M \ Danny1. wav
    sentence syllable_tier_name PHONE
    sentence word_tier_name WORDS
```

```
    choice Type: 3
        button 仅修改音高
        button 仅修改时长
        button 同时修改音高与时长
    choice Range: 1
        button 全句
        button 最后一词
    real Fixed_Position_of_Word 0
    boolean Relative_Pitch 0
endform

Text reading preferences: "UTF - 8"
Text writing preferences: "UTF - 8"

Create TextGrid: 0, 1, "Mary John bell", "bell"
select all
Remove

filename_for_modify$ = left$( filename_for_modify$, rindex( filename_for_modify$, ". ") - 1)
filename_for_reference$ = left$( filename_for_reference$, rindex( filename_for_reference$, ". ") - 1)
sfilename_for_modify$ = filename_for_modify$ + ". wav"
tfilename_for_modify$ = filename_for_modify$ + ". TextGrid"
pfilename_for_modify$ = filename_for_modify$ + ". PitchTier"
sfilename_for_reference$ = filename_for_reference$ + ". wav"
tfilename_for_reference$ = filename_for_reference$ + ". TextGrid"
```

pfilename_for_reference$ = filename_for_reference$ + ". PitchTier"

if fileReadable( sfilename_for_modify$) and fileReadable( sfilename_ for _ reference $) and fileReadable ( tfilename _ for _ modify $) and fileReadable( tfilename_for_reference$)
 Read from file: "'sfilename_for_modify$'"
 Rename: "target"
 if fileReadable( pfilename_for_modify$)
  Read from file: "'pfilename_for_modify$'"
  Rename: "target"
 else
  selectObject: "Sound target"
  To Pitch: 0. 01, 75, 600
  Down to PitchTier
  Rename: "target"
  selectObject: "Pitch target"
  Remove
 endif
 Read from file: "'tfilename_for_modify$'"
 Rename: "target"
 target_phone_tier = 0
 target_word_tier = 0
 tNums = Get number of tiers
 for t from 1 to tNums
  tName$ = Get tier name: 't'
  if tName$ = syllable_tier_name$
   target_phone_tier = t

```
            endif
            if tName$ = word_tier_name$
                target_word_tier = t
            endif
        endfor
        Read from file: "'sfilename_for_reference$"'
        Rename: "reference"
        if fileReadable( pfilename_for_reference$)
            Read from file: "'pfilename_for_reference$"'
            Rename: "reference"
        else
            selectObject: "Sound reference"
            To Pitch: 0.01, 75, 600
            Down to PitchTier
            Rename: "reference"
            selectObject: "Pitch reference"
            Remove
        endif
        Read from file: "'tfilename_for_reference$"'
        Rename: "reference"
        reference_phone_tier = 0
        reference_word_tier = 0
        tNums = Get number of tiers
        for t from 1 to tNums
            tName$ = Get tier name: 't'
            if tName$ = syllable_tier_name$
                reference_phone_tier = t
```

```
        endif
        if tName$ = word_tier_name$
            reference_word_tier = t
        endif
    endfor
    call CkeckTextGrid

    selectObject: "Sound target"
    allTime = Get total duration
    Create PitchTier: "new", 0, 'allTime'
    Create DurationTier: "new", 0, 'allTime'

    call CreateNewPitchTer
    call CreateNewSound
endif

procedure CkeckTextGrid
    err = 1
    if reference_phone_tier > 0 and target_phone_tier > 0
        while err = 1
            err = 0
            selectObject: "TextGrid target"
            ciNums1 = Get number of intervals: 'target_phone_tier'
            selectObject: "TextGrid reference"
            ciNums2 = Get number of intervals: 'reference_phone _
tier'
            if ciNums1! = ciNums2
```

```
                    pause 请修改好两个 TextGrid 文件之后再继续
( PHONE)!
                        err = 1
                    endif
                endwhile
        else
            exitScript: "没有找到音节标注层!" + newline$
        endif

        err = 1
        if reference_word_tier > 0 and target_word_tier > 0
            while err = 1
                err = 0
                selectObject: "TextGrid target"
                ciNums1 = Get number of intervals: 'target_word_tier'
                selectObject: "TextGrid reference"
                ciNums2 = Get number of intervals: 'reference_word_tier'
                if ciNums1! = ciNums2
                    pause 请修改好两个 TextGrid 文件之后再继续
( WORD)!
                    err = 1
                endif
            endwhile
        else
            exitScript: "没有找到音节标注层!" + newline$
        endif
```

endproc

procedure CreateNewPitchTer
    if relative_Pitch = 1
        selectObject: "PitchTier target"
        mpTarget = Get mean( points) : 0, 0
        stdvTarget = Get standard deviation( points) : 0, 0
        selectObject: "PitchTier reference"
        mpReference = Get mean( points) : 0, 0
        stdvReference = Get standard deviation( points) : 0, 0
        Formula: "( self - mpReference) / stdvReference * stdvTarget + mpTarget"
    endif

    selectObject: "TextGrid reference"
    iNums = Get number of intervals: 'reference_phone_tier'
    for i from 1 to iNums
        selectObject: "TextGrid reference"
        lab'i'$ = Get label of interval: 'reference_phone_tier', 'i'
        st = Get start point: 'reference_phone_tier', 'i'
        et = Get end point: 'reference_phone_tier', 'i'
        rDur'i' = et - st
        selectObject: "PitchTier reference"
        ep = Get low index from time: 'et'
        sp = Get high index from time: 'st'
        isVowel'i' = 0

```
        if index( lab'i'$, "a") > 0 or index( lab'i'$, "i") > 0 or index
( lab'i'$, "u") > 0 or index( lab'i'$, "e") > 0 or index( lab'i'$, "o") > 0
or index( lab'i'$, "v") > 0
                isVowel'i' = 1
        endif
        if ep - sp > 1 and sp > 0 and isVowel'i' = 1
                pst'i' = Get time from index: 'sp'
                pet'i' = Get time from index: 'ep'
        else
                pst'i' = 0
                pet'i' = 0
        endif
    endfor


    selectObject: "TextGrid target"
    cNums = Get number of intervals: 'target_phone_tier'
    tlst = 0
    tlet = Get end time
    cwordNum = Get number of intervals: 'target_word_tier'
    if fixed_Position_of_Word > 0 and fixed_Position_of_Word <
= cwordNum
            range = 0
            tlst = Get start point: 'target_word_tier', 'fixed_Position_of_
Word'
            tlet = Get end point: 'target_word_tier', 'fixed_Position_of_
Word'
            ccword$ = Get label of interval: 'target_word_tier', 'fixed_
```

Position_of_Word'
        pause 将修改下一单词的声学参数: 'ccword$'
    else
        if range = 2
            wNums = Get number of intervals: 'target_word_tier'
            lpos = wNums - 1
            tlst = Get start point: 'target_word_tier', 'lpos'
            tlet = Get end point: 'target_word_tier', 'lpos'
        endif
    endif
    for i from 1 to cNums
        selectObject: "TextGrid target"
        lab$ = Get label of interval: 'target_phone_tier', 'i'
        st = Get start point: 'target_phone_tier', 'i'
        et = Get end point: 'target_phone_tier', 'i'
        tDur'i' = et - st
        spoint'i' = st
        epoint'i' = et
        selectObject: "PitchTier target"
        ep = Get low index from time: 'et'
        sp = Get high index from time: 'st'
        isVowel = 0
        if index( lab$, "a") > 0 or index( lab$, "i") > 0 or index( lab $, "u") > 0 or index( lab $, "e") > 0 or index( lab $, "o") > 0 or index( lab$, "v") > 0
            isVowel = 1
        endif

```
if ep - sp > 1 and sp > 0 and isVowel = 1
    pst = Get time from index: 'sp'
    pet = Get time from index: 'ep'
    for p from sp to ep
        selectObject: "PitchTier target"
        t = Get time from index: 'p'
        if t > tlst and t < tlet
            newValue = 0
            call GetPitchValue
        else
            newValue = Get value at time: 't'
        endif
        if newValue > 0
            selectObject: "PitchTier new"
            Add point: 't', 'newValue'
        endif
    endfor
endif
endfor

selectObject: "DurationTier new"
firstPoint = 0
for i from 1 to cNums
    rt = rDur'i'
    tt = tDur'i'
    r = rt/tt
    r = 'r: 3'
```

```
            st = spoint'i'
            et = epoint'i'
            if st > = tlst and et < = tlet
                if firstPoint = 0
                    t = st - 0.0001
                    Add point: 't', 1.0
                endif
                t = st + 0.0001
                Add point: 't', 'r'
                t = et - 0.0001
                Add point: 't', 'r'
                firstPoint = 1
            endif
        endfor
        if t < allTime - 0.01
            t = t + 0.0001
            Add point: 't', 1.0
        endif
    endproc

    procedure GetPitchValue
        if isVowel'i' = 1
            ct = ( t - pst) / ( pet - pst) * ( pet'i' - pst'i') + pst'i'
            selectObject: "PitchTier reference"
            newValue = Get value at time: 'ct'
        endif
    endproc
```

```
procedure CreateNewSound
    selectObject: "Sound target"
    To Manipulation: 0.01, 75, 600
    if type = 1
        selectObject: "PitchTier new"
        plusObject: "Manipulation target"
        Replace pitch tier
    endif
    if type = 2
        selectObject: "DurationTier new"
        plusObject: "Manipulation target"
        Replace duration tier
    endif
    if type = 3
        selectObject: "PitchTier new"
        plusObject: "Manipulation target"
        Replace pitch tier
        selectObject: "DurationTier new"
        plusObject: "Manipulation target"
        Replace duration tier
    endif
    selectObject: "Manipulation target"
    Get resynthesis( overlap - add)
    Rename: "new"
endproc
```